석가모니가 아들러를 만났을 때

捨得自己：金剛經的日常實踐
Copyright ©2024 吳若權
Korean Language translation copyright ©2025 DAVINCIHOUSE Co.,Ltd.
This translation arranged with the original publisher, Commonwealth Publishing Co., Ltd., a division of Global Views-Commonwealth Publishing Group through EntersKorea Co., Ltd. All rights reserved.

이 책의 한국어판 저작권은 ㈜엔터스코리아를 통해 저작권자와 독점 계약한 ㈜다빈치하우스에 있습니다. 저작권법에 의하여 한국 내에서 보호를 받는 저작물이므로 무단전재와 무단복제를 금합니다.

일러두기

책에 실린 경전의 문장은 중국어를 모국어로 하는
독자들의 현대 독해 습관에 따른 것입니다.

금강경으로 배우는
마음 청소법

석가모니가
아들러를 만났을 때

우뤄취안 지음
하은지 옮김

이든서재

들어가며

미련,
버릴수록 얻어지는
기묘함

그날 밤, 출장으로 가게 된 그 도시를, 이제는 아버지가 계시지 않는 그 도시를 나 홀로 다시 거닐었다. 원래 아버지와 즐겨 찾던 조그만 분식집을 다녀오는 것으로 소소한 기념을 남기고 싶었는데, 가게 앞에 도착하고 보니 출입문에 '임시 휴업'이라는 메모가 붙어 있었다. 아래 '개인 사정으로 쉽니다'라는 설명과 함께.

기념으로 남기려 했던 추억 여정에 불안감이 엄습했다. 문득 '가게 사장님은 안녕하실까?' 하는 괜한 조바심마저 들었다. 헛걸음한 것은 중요하지 않았다. 그저 곁에 없는 아버지가, 그리고 가게 사장님의 평안이 염려될 뿐이었다.

어둠이 내려앉은 밤거리를 조용히 걸어 시내 중심에 잡은 호텔로 향했다. 가는 길에 '백 년 전통 베이커리'를 보았다. 유리창 너머로 어머니가 제일 좋아하는 복숭아케이크가 보였다. 하지만 병원에서 혈당 조절에 각별히 신경 써야 한다고 누차 강조했으니, 아마도 어머니는 영영 복숭아 케이크는 입에 대지 못할 것이다. 그런 생각을 하니 어쩐지 가슴이 먹먹해졌다. 호텔로 가는 내내 조금 전 보았던 복숭아케이크의 잔상이 다시 떠올랐다.

    이튿날 있을 회의에 필요한 자료들을 챙겨 놓고 샤워를 한 뒤 침대에 누웠다. 한참을 뒤척이다 잠이 오지 않아 창가 쪽 의자에 잠시 앉아 있었다. 시계를 보니 밤 11시가 넘었다. 곳곳에 불 켜진 집들과 아직 네온사인을 밝히고 있는 가게들이 보였다. 불현듯 서른 살의 파리 여행 중에 묵었던 낡은 옥탑방이 떠올랐다. 그곳에 묵는 동안 매일 저녁 창가에 앉아 바라보았던 가로등 불빛이 아득한 시간을 건너 지금 이곳에서 다시 밝게 빛나는 듯했다.
    다시 옷을 갈아입고 엘리베이터에 올랐다. 그렇게 상념은 의식을 따라 걷잡을 수 없이 피어올랐다. 그리고 어느새 나는 아까 지나왔던 그 베이커리 앞에 서 있었다. 미련을 버리지 못하고 유리창 너머로 마감 준비에 여념이 없는 사장님을 보며 망설였다.
    '롤케이크라도 하나 사서 어머니께 드릴까?' 하다가 '아니야, 그건 어머니께 독약과도 같아'라며 이성이 말렸다. 결국 매장 청소를 모두 마치고 문 닫을 준비를 하는 사장님을 방해하기 싫어 발길을 돌렸다.
    '불효자'라는 생각이 어렴풋이 고개를 들려고 할 때 야시장에 도착했다. 그곳도 하루 장사를 마치고 정리하느라 분수한 모습이었다. 하나, 둘 가판대에 불이 꺼지는 모습이 마치 내 머릿속 수많은 상념이 나타났다가 이내 흔적을 감추는 모양과 많이 닮았다는 생각이 들었다. 예기치 않았던 상황에서 예기치 않았던 생각들이 파도처럼 너울지며 밀려들 때, 우리가 할 수 있는 것은 그것이 쉬이 가라앉기를 기다려 주는 것이리라. 다시 호텔로 돌아와 옷을 갈아입었다. 침대는 심연의 바다가 되어 지친 내 몸뚱이를 감싸 안았다. 고요해진 새벽, 창밖에 뜬 달이 별들과 도란도란 이야기를 나누는 듯했다. 그 모습을 보며 나는 스르르 눈을 감았고 상념이 사라진 잠의 세계로 깊이 빠져들었다.

덧셈이 아닌 뺄셈으로 살아가는 인생의 여정

살아 있는 한 우리는 끊임없이 생각한다. 그리고 그 상념을 따라 무한한 세계를 떠돌며 꿈을 꾼다. 그것을 굳이 나쁘다고 할 수는 없다. 상념을 통해 우리는 무엇이 진실인지 아닌지 분별할 수 있고, 꿈을 실현하기 위해 부단히 노력하기 때문이다.

그러나 그 과정에서 만나는 크고 작은 실패를 통해, 무수한 만남과 이별을 통해 우리는 어떤 진실 하나를 깨닫는다.

모든 상념이 정확하거나 진실한 것은 아니며, 우리가 꾸는 그 꿈도 영원할 수 없다는 사실이다. '인생'이란 무수한 변화의 연속이다. 이 진리를 아는 사람만이 부질없는 욕심과 꿈을 과감하게 내려놓을 수 있다. 그 용기와 지혜가 삶을 이끌어 준다.

천진했던 유년 시절을 지나 예민한 사춘기 시절을 보내고, 치열하게 사는 성인이 되기까지 우리는 세월의 모래 위를 천천히 걷는다. 그 위에 남겨진 발자국은 쉬지 않고 밀려오는 파도에 쓸려 사라진다. 그사이에 고단한 나, 성공한 나, 슬픔에 젖은 나, 환희에 가득 찬 나와 만나고 또 이별하기를 수없이 반복한다.

하지만 열심히 살면 살수록, 노력하면 할수록 마음에 자꾸만 짙어지는 의심을 지워내기 어렵다.

'나는 왜 태어났는가? 나는 무얼 위해 여기 있는가?'

그리하여 예전과는 다른 방법으로 인생을 살아가기로 한다. <u>덧셈이 아닌 뺄셈의 덜어내는 방식으로 나를 찾고자 노력한다.</u> 무의미한 돌덩어리에서 멋진 작품을 조각하는 것처럼 '삶'이라는 거대한 덩어리에서 필요 없는 부분을 제거하고 깎아내어, 영혼의 본질을 들여다보려 애쓴다. 첨예한 조각칼로 과거의 상념을 하나씩 깎아내고, 그동안 품었던 탐욕과 두려움을 날려 버리고 나면 실오라기 하나 걸치지 않은 자신을 마주한다. 허무한 자신, 그저 앞만 보고 열심히만 살았던 자신을 마주하고 이내 주저앉는다.

세상은 내가 어떤 눈으로 보느냐에 따라 달라진다. 몸서리칠 만한 고독, 외로움과 마주하고 나면 삶이 다르게 보인다. 꿈을 좇아 타고 날아가던 구름에서 내려와 진짜 현실에 발을 내디디면 그제야 깨닫는다. 그토록 잡고 싶었던 꿈은 내가 아닌 누군가의 꿈이었음을. 외부의 소리, 외부의 시선, 외부의 평가는 영원히 만족할 수 없었던 것임을. 내가 진정으로 귀 기울여야 했던 것은 나의 내면의 소리였음을. 아무리 많은 물질이나 재산으로도 그것을 채울 수 없다는 사실을.

들어가며

미련, 버릴수록 얻어지는 기묘함

서른에 본격적으로 『반야심경般若心經¹』을 공부하기 시작해 쉰이 되어 『금강경金剛經²』을 연구하기 시작했다. 아버지를 먼저 보내드리고 어머니의 투병을 겪으며 그것을 독송하고 필사하는 가운데 양파 껍질을 하나씩 벗겨 내듯 내 마음 겹겹을 자세히 들여다볼 수 있었다. 경전을 읽으며 인생의 단계별로 겪게 되는 문제에 대응하는 자세를 배웠고, 마음속 의혹에 대한 답을 찾을 수 있었다.

『반야심경』은 'A 아니면 B'라는 이원적 대립을 깨트리고, 인간이 지닌 감각 기관의 한계를 뛰어넘어 무한의 세계로 진입할 수 있게 한다. 이로써 한 개인에서 우주로 세계관을 확장할 수 있게 하며 모든 사물은 독자적인 본성이 없다는 '공무空無'를 가르친다.

『금강경』은 번뇌와 집착을 버리도록 가르치고 실질적인 수행법을 알려 준다. 이로써 수많은 인생의 난관을 뛰어넘을 수 있도록 도울 뿐 아니라, 만물의 본성은 모두 비어 있다는 '개공皆空'을 깨닫게 하고, 인연因緣에 따라 모든 것이 수시로 변할 수 있음을 가르친다. 자신에게 집착하면 할수록 진정한 자신을 깨닫지 못한다.

진정한 인생은 무상無常하며, 무아無我의 상태가 될 때 궁극적인 자아를 만날 수 있기 때문이다.

---

1   대반야바라밀다경(大般若波羅蜜多經)의 요점을 간결하게 설명한 짧은 경전. 당나라 현장(玄奘)이 번역한 것으로 260자로 되어 있다. 『반야바라밀다심경』으로 줄여서 『반야심경』 혹은 『심경』이라고 한다.

2   대승불교 초기의 공(空) 사상을 담고 있는 반야 계통의 경전, 대략 2세기 무렵 인도에서 기원한 것으로 알려져 있으며 이후 동아시아에 널리 유포되었다.

아집을 내려놓으면 번뇌가 사라진다

요즘처럼 '나'를 사랑하고 아껴야 한다고 강조하는 시대에 '무아'를 근간으로 하는 『금강경』의 가르침이 어쩌면 거북하게 느껴질지 모르지만, 오히려 나는 지금이야말로 이것을 배울 적기라고 믿는다. 『금강경』에는 어지러운 세상을 살아갈 두 가지 힘이 담겨 있기 때문이다.

하나는 따뜻하게 마음을 어루만지는 위로이며, 또 다른 하나는 굳건한 의지와 격려이다. 석가모니는 중생에게 번뇌를 없애는 가장 좋은 방법은 '아집을 내려놓는 것'이라 거듭 강조한다. 집념을 버려야 비로소 마음에 걸릴 것 없이 자유로운 상태가 된다는 것이다.

우리가 집착하는 탐욕과 탐심을 내려놓으면 모든 아픔과 번뇌가 자연스레 사라진다. 욕심이 없으면 강해진다는 '무욕즉강無欲則剛'의 상태는 예민함이나 날카로움, 강경함 등으로 이룰 수 있는 것이 아니다. 도리어 상대를 이해하고 진심으로 공감하며 자비를 베풀 때 이뤄지며 이로써 상대와 완전한 하나가 될 수 있다.

자아를 진정으로 인정하고 수용하는 삶은 웨이트 트레이닝을 하는 모습과 많이 닮았다. 먼저 충분한 근력을 키워야 무거운 덤벨을 들더라도 사뿐히 땅에 내려놓을 수 있는 것과 마찬가지다. 나를 먼저 인정하고 보듬어 주어야만 내려놓음이나 비움 같은 것이 비로소 의미를 지닌다. 인생을 대하는 가장 좋은 방법은 무겁고 어려운 일도 별것 아닌 듯 가벼운 일처럼 들었다가 내려놓는 것이다. 조금 자신이 없다면 누군가에게 도움을 요청하는 것도 좋은 방법이다. 이는 구걸하는 자세가 아니라 융통성 있게 삶을 살 줄 아는 지혜다.

"내려놓아야만 비로소 보인다."라는 말이 있다. 그러나 진정한 '내려놓음'은 무언가를 '얻어 내기' 위해 행하는 것이 아니다. 물론 내려놓음으로써 얻는 것이 생길 수는 있으나, 그것이 절대적인 목적이 되어서는 안 된다. 만일 그렇다면 진정한 내려놓음의 의미를 잘 이해하지 못한 것이다.

가족을 돌보는 가장으로 살아온 지 어느덧 30년이 되어 간다. 의식적이든 아니든, 내가 선택한 것이든 아니든, 많은 순간 나의 바람과 소망을 포기해야 했다. 커리어나 인간관계, 휴가 계획이나 개인적 시간 혹은 자유 등…. 그러나 그 모든 것을 기쁘게 '포기'할 수 있었던 이유는 가족을 돌보는 일에 내가 할 수 있는 최선의 노력을 다했기 때문이다. 내가 무엇을 얻었고, 또 무엇을 잃었는지에 연연하지 않았더니 나만 희생했다는 억울함이나 분노 같은 것은 일어나지 않았다.

버림으로 얻는 오묘한 인생

『금강경』에서 석가모니는 특별히 '보시布施'에 관해 꽤 많은 장을 할애해 가르친다. 불교에서 말하는 '보시'란 자비심으로 남에게 재물이나 불법佛法을 베푸는 것으로 가장 고귀한 보시는 자신이 제일 아끼는 '최애'를 내려놓는 것이다. 만일 우리가 가장 사랑하는 대상이 나 자신이라면 나를 '보시'할 수 있어야 한다.

나를 내어 주는 순간, 나를 얻을 수 있다. 가장 사랑하는 나를 내려놓는 순간, 가장 나다운 나를 만날 수 있다.

우리는 살면서 수많은 것을 좇는다. 사랑, 재물, 명성을 좇지만 실제로 그것을 손에 쥐지 못해 괴로워한다. 그러나 그것을 '내려놓는' 순간, 갖지 못해 바둥거렸던 그 모든 행위가 희미해짐을 느낀다. 인생의 마지막에 다다르면 '얻지 못했던' 나 자신을 놓아 주어야 할 때가 온다. 얻은 것과 잃은 것, 그것으로부터 자유로워질 때 비로소 우리는 삶의 모든 번뇌와 아픔에서 해방될 수 있다.

5천여 자로 쓰여진 『금강경』은 행간마다 인생을 통찰한 깊은 지혜와 철학, 시대를 초월한 교훈과 지혜로운 삶을 살아갈 현실적인 실천법이 담겨 있다.

실천불교의 대명사로 불리는 성운대사星雲大師가 실천한 '무상'과 '무아' '무주無住'와 '무득無得'의 네 가지 요소는 많은 사람에게 깊은 감명을 주었다.

이 책은 이 네 가지 요소를 기반으로 수년간 내가 일상에서 『금강경』을 실천하며 얻은 소소한 깨달음을 담고 있다. 직접 경험한 일들에 경전의 문구를 적용하여 석가모니의 가르침을 실제로 살아 내고자 노력하는 독자들에게 미약하나마 보탬이 되고자 애썼다. 그러니 부디 여기에 갇히지 말고 각자의 해석을 더해 다양한 방법과 모습으로 적용하여 여러분의 영혼이 자유롭고 편안해지길 바란다.

<u>무겁게 들었어도 가볍게 내려놓길 바란다. 우리 앞에 놓인 인생의 모든 과제는 수용과 비움의 훈련을 위한 것이다.</u>

고통을 수용하고 기쁨을 비워 낼 줄 알며 베풂을 통해 타인과 하나가

되고 이로써 사랑을 깨달을 수 있다. 이 책은 나의 122번째 작품이다. 부디 여러분에게 좋은 경험이 될 수 있기를 바란다. 아울러 『금강경』 필사를 통해 오묘하면서도 실용적인 경전의 내용을 여러분의 삶에 직접 적용할 수 있길 소망한다.

 바람처럼 왔다가 먼지처럼 사라질 이번 생에서 집착과 아집을 내려놓음으로, 편안하고 행복한 미소가 깃들길 소원한다. 새로운 출발을 위해 날개를 펴는 여러분을 진심으로 응원한다.

저자 우뤄취안

차례

008 　들어가며 미련, 버릴수록 얻어지는 기묘함

제1장　고통을 끊어내다, 단사번뇌 斷捨煩惱
『금강경』을 통해 바라보는 인생의 과제들

024 　타인과의 경계는 '실선'이 아닌 '점선'으로 이뤄진다
032 　다른 이의 행복을 공유할 때 삶에 기쁨이 솟아난다
039 　거짓이 난무하는 세상 속에서 지혜롭게 살아가는 방법
046 　오른손이 하는 일, 꼭 왼손이 모르게 해야 할까
053 　내 생각을 내려놓지 않으면 사물의 진상을 볼 수 없다
059 　들어올릴 능력을 갖출 때 비로소 내려놓을 용기가 생긴다
066 　소박하지만 초라하지 않은 삶을 살려면

제2장　무아의 경지에 이르는 삶, 무아도생 無我度生
나와 타인, 우리가 조화롭게 살아가는 방법

076 　변화의 열쇠는 언제나 내 손안에 있다
083 　머릿속에 일어나는 모든 생각을 전부 신뢰하지 말지니
090 　내가 허용하지 않는 한, 나를 능욕할 수 있는 사람은 없다
097 　항상 내가 맞다고 느낀다면 꼭 생각해 봐야 할 것

104	당신이 의존하는 것이 당신의 발목을 잡는다
109	미워하는 대상을 축복하라
115	꿈같은 인생, 영원하지 않은 인생

제3장   **보이는 것에 얽매이지 않고 베푸는 삶, 무상보시無相布施**

도움을 주는 사람과 받는 사람 모두가
행복한 삶에 관하여

124	내 멋대로 생각해서 베푸는 호의가 관계를 망친다
131	도움을 주는 사람과 받는 사람 모두가 행복한 삶에 관하여
140	가장 간단하면서, 가장 어려운 일
145	누군가를 위해 나의 몸과 마음을 바치는 훈련
152	고귀한 희생은 누구도 힘들게 하지 않는다
158	복을 쌓아 죄업을 맑게 하라
164	덜어내는 방식으로 사랑하라

제4장   **어디에도 머무르지 않는 삶, 무주생활無住生活**

집념을 내려놓을 때 진정으로 누리는 자유

174	당신이 있는 그곳에 곧 부처가 있나니
180	'절대로', '반드시'의 삶은 없다
186	성공이란 보이지 않는 천장과도 같다

193	때로는 보이는 것이 전부가 아니다
200	저 달이 내 마음을 대변할 수 있을까
206	밀크레이프케이크를 닮은 인생
212	타인을 사랑하는 사람이 곧 부처이다

제5장 수행을 통해 비움을 경험하다, 무득이수無得而修

호흡하듯 기도하고 수행하라

222	수행 없는 삶이 최고의 수행
230	한 글자 쓰고 세상을 축복하고, 한 글자 쓰고 기도하고
236	화를 낼 수는 있지만 쏟아내서는 안 된다
241	오는 것도 아니고 가는 것도 아닌 여래如來
246	좇으면 좇을수록 공허해지는 이유
251	당신을 위해서라면 수천 번, 수만 번이라도
259	세상에서 가장 아름다운 이별

〈부록〉

265	『금강경』 쉬운 말 풀이
311	『금강경』을 통달할 7개의 질문

제1장

고통을 끊어내다,
단사번뇌 斷捨煩惱

『금강경』을 통해 바라보는
인생의 과제들

◆ 겉으로만 나를 위하는 척하는
사람을 가려내라.
그래야 비로소 진정한 지혜를
얻을 수 있다.

"보살은 이와 같이 보시하되,

그 어떤 대상에도 집착하지 않아야 한다.

외형에 머물지 않고 보시하면,

그 복과 덕이 헤아릴 수 없다."

"미운 만큼 축복하라.
미운 만큼 친절을 베풀라.
미운 마음이 풀어지고
그에게서 진정으로 멀어질 것이다."

타인과의 경계는
'실선'이 아닌 '점선'으로 이뤄진다

삶은 번민의 연속이다. 그중 대부분은 인간관계와 관련한 것이다. 개인 심리학의 아버지라 불리는 아들러도 "인간의 모든 고민은 인간관계에서 비롯한다."라고 말했다. 이후 그의 주장을 근간으로 번민에서 벗어나 '진정한 나 자신'으로 살려면 '미움받을 용기'가 필요하다는 심리학자들의 이론이 등장하면서 대중의 전폭적인 관심과 지지를 얻었다. 그러나 이것은 자아를 실현하기 위한 하나의 수단과 방법일 뿐, 궁극적인 목적은 아니다. 우리가 마음속에 꿈꾸는 자아를 실현하기 위해 세상과 적을 지며 기꺼이 미움받기를 자처하면 정말 행복할까? 과연 그게 최선일까?

S는 회사원이다. 그는 얼마 전 다니던 회사를 그만두었다. 상사는 꼭 퇴근 시간 직전에 그에게 긴급한 업무를 지시했다. 그럴 때마다 그는 군

말없이 임무를 완수했다. 처음에는 괜찮았다. 그런데 자꾸만 하다 보니 조금씩 불만이 생겼다. 그는 아마도 자신이 아직 결혼을 안 한 싱글이라서 상사가 마음대로 지시하는 모양이라고 생각했다. 그도 아니면 본인이 '부려 먹기' 쉬운 만만한 대상이라 그런 것으로 단정했다. 그렇지 않고서야 꼭 자신에게만 그렇게 일을 시킬 수는 없는 노릇이었다.

평소 심리학에 관심이 많아 다양한 심리 관련 서적을 읽은 그는 '타인과의 경계'라던가 '과제의 분리'[1]와 같은 개념에 대해 잘 알고 있었다. 그는 현재의 억울한 상황을 타개하려면 '선한 사람'의 이미지를 버리고 싱글이라는 이유로 차별받아서는 안 된다고 생각했다. 그래서 앞으로 자신의 업무가 아닌 누군가의 '과제'는 당당히 거절하겠다고 다짐했다. 그는 상사의 업무 지시에 부당함을 호소하며 모든 직원을 공평하게 대할 것을 요구했다.

당시 상사는 그의 요구를 받아들였으나, 얼마 후 동료들 사이에서 그에 관해 좋지 않은 소문이 떠돌았다. 그는 상황이 점점 자신에게 불리하게 돌아가고 있음을 감지했다. 그러자 이직에 대한 마음이 걷잡을 수 없이 커졌다. 결국 불만과 원망을 품은 채 다른 회사로 옮기게 되었다.

이직에 성공했지만, 마음은 편치 않았다. 그러던 어느 날 한 대외 행사에 참석해 업계 사람들과 대화를 나누다가 새로운 사실 하나를 알게 되었다. 전 회사의 상사가 특별히 그를 눈여겨 보고 승진과 연봉 인상을 위해 여러 기회를 마련해 주었다는 것이다. 그런데 뜻밖에 그가 주변의

---

1 자신의 과제와 타인의 과제를 분리하고 타인의 과제에 함부로 침범하지 않아야 한다는 아들러의 이론.

만류에도 불구하고 회사를 박차고 나갔다는 것이었다.

만감이 교차했다. 회사를 나오던 그날을 떠올렸다. '정말 잘한 결정이었을까? 다시 그때로 돌아간다면 다른 선택을 할 수 있지 않을까?' 예컨대 내 체면도 지키면서 상사와 대화로 잘 푸는 방법 같은 것도 있었다. 그는 자신이 너무 성급하게 '경계'를 세운 건 아닌가 하는 생각이 들었다. 팀원들을 배려하면서 상사와 적극적으로 소통했다면 팀워크도 좋아지고 화기애애하게 분위를 이끌 수 있었을 거라는 생각, 그러면 본인이 원하는 대로 전체적인 상황을 조화롭게 리드할 수 있었을 거라는 후회, 열등감과 자기 의심에 가득 차 상사가 자신만 차별한다는 혼자만의 느낌을 버렸어야 한다는 생각들이 꼬리에 꼬리를 물고 이어져 잠을 이룰 수 없었다.

『금강경』에서는 위의 상황처럼 인간관계에서 비롯한 번뇌에서 벗어나려면 알 수 없는 불안과 공포를 없애고, '너'와 '나' 그리고 '타인'을 구분 짓지 않아야 한다고 가르친다. 그래야 괴로움에서 벗어나 비로소 마음이 편안해진다는 것이다.

나에 대한 집착을 내려놓을 때 비로소 도울 수 있다

『금강경』은 고통과 번민에 허덕이는 중생을 교화하기 위한 석가모니의 가르침을 담은 경전이다. 주로 끊임없는 성찰을 통해 새롭게 나를 인식해야 하며, 우리의 일상을 잠식하는 대부분의 근심과 걱정은 일어나지 않을 망상과 환상이라는 것을 일깨워 준다. 다시 말해 우리가 고집스럽게 믿으며 놓지 못하는 '옳고 그름'의 기준이 실제는 '허상'이라는 것이다.

석가모니는 타인과의 경계, 혹은 너와 나 사이를 가로지른 벽은 평소 내가 '옳다'고 철석같이 믿어 온 그 관성을 깨뜨릴 때 비로소 허물어진다고 말한다. 조건 없는 사랑과 선행은 타인과 나 사이에 막힌 것이 없을 때 행해지기 때문이다. 즉, '이타利他'를 생의 사명처럼 받들며 행동할 때 비로소 진정한 인생의 깨달음을 얻을 수 있다고 가르친다.

이렇게 보면 '인간의 모든 고민은 인간관계 때문'이라고 했던 아들러의 의견과 상충하는 것처럼 보이지만, 사실 그렇지 않다. 아들러의 저서를 읽어 본 사람은 알겠지만, 그가 주장하는 개인 심리학의 궁극적인 목표가 바로 자기도 이롭고 남도 이롭게 하는 '이타'라는 걸 알 수 있다. 다만 그것을 실현하기 위해 그는 '심리학'이라는 틀을 활용한다. 이로써 상처받은 자아를 치료하고 '태초'의 온전했던 나의 상태로 돌아가야만 남을 위해 진심으로 베풀고 헌신할 수 있고, 그로 인해 자신의 가치를 확인함으로써 삶의 의미를 찾을 수 있다는 것이다.

석가모니의 가르침도 이와 다르지 않다. 그는 마음에서 우러나오는 선행이야말로 최고 경지의 수행이며, 이 깨달음을 얻은 자는 훗날 다음 생에 윤회하게 되더라도 같은 문제로 고통받지 않는다고 했다.

삶의 가장 높은 경지는 세상에 존재하는 모든 것의 본질을 제대로 인식하는 것이다. 우리가 지금 겪는 고통도, 행복도 영원하지 않다. 세상의 모든 사람과 사물은 인연을 따라 수시로 변한다. 그 어느 것 하나 독립적으로, 영원히 고정적으로 존재할 수 없다. 그러므로 나의 집착과 아집을 내려놓으면 누군가를 위해 기꺼이 대가를 바라지 않고 헌신할 수 있다. 진심에서 우러나와 누군가를 위해 선을 행하면 번민의 올무에서 벗어나 진정한 자유와 해방을 누릴 수 있다.

심리학에서 강조하는 '타인과의 경계'는 타인의 감정이나 정서가 나에게 영향을 주지 않도록 하는 일종의 '자기방어' 기제에서 기인한 것이다. 이로써 나의 권익을 다른 누군가가 함부로 침범하지 않도록 하고, 나 역시 타인의 영역에 과도하게 침범하는 것을 막는다. 서로 간에 적당한 거리를 유지함으로써 정서적 자유를 누리는 것인데, 자칫 서로의 책임을 지나치게 강조하고 경계를 나눌 경우, 진심으로 상대를 공감하고 존중하기 어렵다. 결국 자연스럽게 사랑의 마음에서 멀어져 '나 하나만 잘 살면 그만'이라는 마음이 생기기 쉽고, 누군가의 아픔과 고통을 보고도 '나와는 상관없는 일'이라 여기며 모른척하기 쉽다. 그렇게 관계가 소원해져서 겉으로만 서로를 극진히 대하고 지나치게 예의를 차리는 관계가 되는 것이다.

그렇다고 해서 상대의 정서와 감정을 배려하기 위해 내 마음에 거리끼는 결정을 내릴 필요는 없다. 아무리 '과제의 분리'에 능숙하고 자신을 책임지는 법을 터득한 사람일지라도 그런 결정을 내린다면 깊은 밤 죄책감이 불쑥 고개를 들어 '어째서 그런 결정을 내렸느냐'라며 당신을 힐난할지도 모른다.

사랑과 자비 안에서 진정한 '우리'가 탄생한다

'타인과의 경계'를 설정하고 '과제의 분리'까지 실천했건만, 우리는 왜 죄책감에 시달리며 여전히 관계 때문에 괴로움으로 고통받을까? 결정적인 이유는 심리학에서 말하는 '타인과의 경계'와 '과제의 분리', 그 기반이 내면의 공포에서 비롯한 것이기 때문이다. 그 공포에 대응하기 위해 택한 일종의 자기방어 기제가 '경계'와 '분리'다. 이것은 관계에서 서로를 존중할 것을 강조하지만 더 깊은 차원의 공감을 이끌지는 못한다. 그러니 사랑과 자비의 경지까지 정진할 수 없다.

상대가 내 영역을 침범하는 것을 결코 용납하지 못하는 것과, 설령 침범했다 할지라도 그것에 영향받지 않는 건 완전히 다른 차원의 자세다. 책상 한가운데 선을 그어 놓고 넘어오면 바로 벌을 주려는 아이들에게 서로의 마음을 깊이 이해하고 공감하는 '우리'가 되어야 한다고 아무리 설명해 봐야 소용없다.

"나라는 상도 없고, 사람이라는 상도 없으며, 중생이라는 상도 없고, 수자라는 상도 없다."[2]

석가모니는 나와 타인의 관계를 구분하려는 집착을 버려야 하며, 특히 누군가에게 도움을 줄 때 서로를 구분하지 않아야 한다고 권면했다.

2 無我相, 無人相, 無眾生相, 無壽者相.

실제로 사람과 사람 사이에는 자로 그은 듯 정확한 경계선이 존재하지 않는다. 만일 사람들에게 경계가 존재한다면 그 사이에는 '실선'이 아닌 '점선'이 그어져 있을 것이다.

<u>우리가 가장 강해질 때는 '자아'가 강해질 때가 아니라 오히려 사라질 때이다.</u> 무릇 모든 일에 '나의 이익'을 앞세우지 않으면 번영이나 치욕, 이익이나 손실 따위가 그리 중요하게 느껴지지 않는다. '혹시 저 사람 때문에 내가 손해 보진 않을까?' 하는 초조함에서 벗어날 수 있으므로 자신이 지닌 힘을 무한대로 마음껏 발휘할 수 있다. 삶의 중요한 선택의 기로 앞에서 나의 기분이나 감정을 앞세우지 않고 넓은 마음으로 생각하면 타인에게 이로운 결정을 내릴 수 있다. 그것으로 내면의 근심과 공포를 뛰어넘어 진정한 나 자신을 만들어 갈 수 있다.

금강경 한 구절

이무아, 무인, 무중생, 무수자, 수일체선법, 즉득아뇩다라삼먁삼보리.

以無我, 無人, 無眾生, 無壽者, 修一切善法, 則得阿耨多羅三藐三菩提.

『금강경·정심행선 제23분 金剛經·淨心行善分第二十三』

해석 자아도 없고, 개인도 없고, 중생도 없고, 영혼도 없는 상태의 선법을 모두 닦아야만 비로소 더없이 바르고 평등한 바른 깨달음을 얻을 수 있다.

마음에 와닿는 문장을 필사해 봅시다.

다른 이의 행복을 공유할 때
삶에 기쁨이 솟아난다

인공지능의 선구자로 불리는, 미국 AI 반도체 기업 엔비디아NVIDIA의 창시자 젠슨 황은 강연에서 종종 타이베이의 유명 관광지 린장제 야시장에서 34년 동안 과일 장사를 하는 여성의 이야기를 예화로 들었다. 그는 그녀의 과일 깎는 솜씨가 날이 갈수록 거의 '달인'에 가까워지고 있으며, 심지어 맛도 뛰어나다며 "꼭 그녀가 성공하는 걸 보고 싶다"라고 했다.

대만에 머무는 동안 그는 자신의 단골 미용실을 미디어에 노출했고, 사인을 받기 위해 몰려드는 사람들에게 일일이 응대해 주었다. 길을 가다가 사진 요청을 하는 사람들과는 기꺼이 함께 사진을 찍어 주었다. 피곤하지 않은지 물어보는 기자의 질문에 그는 특유의 쾌활한 웃음과 함께 이렇게 대답했다. "사람들이 조금이라도 즐거울 수 있다면야 얼마든지 하죠!"

현재 세계적인 기업가로 이름을 알리는 그의 신분을 고려한다면 굳이 야시장이나 미장원에 갈 필요는 없다. 그의 행보는 친서민적인 이미지를 부각하기도 했지만, 마치 인공지능 기술이 우리의 일상 곳곳에 더 빠르게 녹아들 것이란 걸 예고하는 것 같았다.

인간미 넘치는 그의 행보를 보며 한 유명 평론가는 "젠슨 황은 남의 성공을 즐거워하는 사람"이라고 평가했다. 자신의 성공은 물론, 다른 사람의 성공을 진심으로 원하고, 또 그걸 실제로 봤을 때 행복해한다는 것이다. 그런데 재밌는 건 누군가의 행복을 진심으로 기원하는 사람에겐 더 많은 도움과 기도의 손길이 다가온다는 점이다.

현대 산업은 '공급 체인'의 중요성을 강조한다. 원자재의 조달과 중간재료의 변환, 완제품의 유통 등이 하나로 이어져 차질 없이 운행되어야만 소비자에게 문제없이 제품을 공급할 수 있다. 모든 과정은 마치 '계주'처럼 각각의 팀이 자기 순서에서 바통을 이어받는다. 만일 그중에 하나라도 문제가 생기면 전체 사슬이 무너진다. 따라서 모든 자재의 부품 수급은 물론, 건강한 조직 운영과 올바른 의사결정이 하나의 '팀'이 되어 유기적으로 움직여야 한다.

그런 점에서 보면 기업의 운영과 개인의 성장은 닮은 점이 많다. 개인에게 가장 힘이 되는 것은 함께하는 사람들이다. 목표를 세우고 도달하는 과정에는 좌절과 실패가 있을 수밖에 없다. 그러나 그중 '나의 성공을 즐거워하는' 누군가가 있으면 얼마든지 바닥을 짚고 일어설 수 있다. 결코 물러서지 않을 용기가 생긴다.

타인의 성공을 돕되 보답에 연연하지 말자

목표를 세우고 물러서지 않으려면 어떻게 해야 하는 걸까? 석가모니의 10대 제자 중 '해공제일解空第一[3]'이라 불렸던 수보리須菩提가 『금강경』에서 두 차례에 걸쳐 같은 질문을 하는 장면이 나온다.

"사람이 아뇩다라삼먁삼보리[4]를 얻었다면 마땅히 어떻게 그 마음을 지키고, 어떻게 그 마음을 항복받으오리까?"[5]

이를 풀이하면, 완벽한 깨달음을 얻은 후에는 어떻게 그 마음을 지켜야 하고, 어떻게 해야 물러서지 않을 수 있느냐는 질문이다. 마음이 어지러울 때 어떻게 감정과 생각을 다스려야 하느냐는 뜻이기도 하다. "어떻게 그 마음을 지켜야 하며, 어떻게 그 마음을 항복받으오리까?"라는 인도 승려 쿠마라지바가 번역한 것을 당나라 승려 현장이 다시 번역한 버전을 보면 '마음을 지키고' '마음을 항복받는' 구절 사이에 "어떻게 수행해야 합니까云何修行?"라는 문장이 추가되어 현재는 이 세 가지를 '수보리의 3종 질문'이라 부른다.

두 버전에 따라 불교학을 연구하는 학자들은 서로 다른 관점을 내놓

---

[3] 석가모니의 가르침 중 공(空)에 대하여 누구보다 가장 빠르고 깊게 이해하였다고 해서 붙여진 별명.

[4] 불교에서 이르는 '가장 완벽한 깨달음'을 뜻하는 말로 산스크리트어 '아눗따라 삼먁 삼보디(anuttara-samyak-sambodhi)'를 음역하여 한자(阿耨多羅三藐三菩提)로 표현한 말.

[5] 世尊! 善男子, 善女人, 發阿耨多羅三藐三菩提心. 云何應住? 云何降伏其心?

는다. 특히 '어떻게 수행해야 합니까?'라는 질문은 '수행의 방법'을 구체적으로 물어본 것이므로 절대 생략해서는 안 된다고 주장하는 사람이 많다. 하지만 가만히 생각해 보면 시시각각 어지러운 마음을 다스리고 감정을 조절하는 모든 과정이 곧 수행과도 같으므로, 결국 앞의 두 질문에 그것이 모두 포함되어 있다고 할 수 있다.

사실 수보리의 질문에 석가모니가 해 준 대답은 매우 간단했다. 그는 수보리의 말을 빌려 똑같이 말한다.

"그렇다. 이처럼 마음을 지키고 이처럼 그 마음을 항복받아야 한다."[6]

불교학자들의 해석에 따르면 '이처럼'의 '이是'라는 건 '현재'를 의미하며, '~처럼如'은 중생과 자신을 따로 구분 짓지 않는다는 뜻이다. 이어지는 석가모니의 설명을 보면 그 뜻을 더 명확히 알 수 있다.

"진심으로 진리를 구하는 사람은 이 생각에 집중하여 마음을 다스려야 한다. 내가 깨달음을 얻으면 우주 모든 세계의 중생을 해탈시켜 영원히 평화로운 열반에 들리라. 그러나 헤아릴 수 없이 많은 중생이 해탈했을 때 실제로는 해탈한 중생이 아무도 없다. 왜인가? 참된 보살은 '나'와 '너'를 구분하지 않기 때문이다. 그러므

---

6   應如是住, 如是降伏其心.

로 실제로는 깨달음을 얻는 '나'도 없고 해탈하는 중생도 없다."[7]

여기에서 그가 강조하는 내용은 두 가지다. 첫째, 석가모니는 인류를 포함한 모든 생물이 해탈의 경지에 이르길 원하지만, 누군가의 힘을 빌려 해탈에 이르는 중생은 없다고 했다. 그 모든 것은 개인의 수행에 따른 결과라는 것이다.

둘째, 해탈의 경지에 이른 중생은 서로를, 형식을, 대상을, 무리를, 나이를 구분 짓지 않는다. 한마디로 정리하면 누군가를 도와주더라도 '나'의 생각을 내려놓고 공을 세우지 않아야 하며, 자만하지 않아야 하고, 지위나 명예 따위에 연연하지 않아야 한다. 그래야만 비로소 무엇에도 방해받지 않고 자유로운 상태에 이를 수 있다.

세상 모든 일은 마음먹기에 달려 있다

성공한 사람들에게서 공통으로 발견할 수 있는 특징이 있다면 '끝까지 포기하지 않는 정신과 의지력'이다. 만일 기회가 되어 그들을 만나 그런 정신과 의지력의 비결이 무엇이냐고 묻는다면 아마 대부분 '원대한 목표' '무한한 열정'과 같은 요소를 꼽을 것이다.

그런데 『금강경』에서는 목표를 뛰어넘을 열정을 지니되, 거기에 집착

---

[7] 佛告須菩提: 諸菩薩摩訶薩應如是降伏其心! 所有一切眾生之類: 若卵生, 若胎生, 若濕生, 若化生: 若有色, 若無色; 若有想, 若無想,若非有想非無想, 我皆令入無餘涅槃而滅度之. 如是滅度無量無數無邊眾生, 實無眾生得滅度者. 何以故? 須菩提! 若菩薩有我相, 人相, 眾生相, 壽者相, 即非菩薩.

하지 말고 그것에 사로잡히지 말 것을 당부한다. 설령 성공했다고 해도, 혹은 누군가의 성공을 도왔다고 해도 마치 그런 일이 일어나지 않은 사람처럼 살아야 한다는 것이다. 언뜻 보기엔 추상적이고 모호한 것 같지만, 깊이 생각해 보면 큰 깨달음을 얻을 수 있다.

성공하든 못하든, 그 주인공이 내가 됐든 아니든 세상은 어제와 똑같이 돌아간다. 내가 타인의 성공을 진심으로 바라며 기뻐했다고 그가 나에게 반드시 감사해야 하는 건 아니다. 이런 마음가짐이라면 손해 봤다는 생각에 분노하거나 노여워하지 않는다. 괜한 에너지를 낭비했다는 생각도 들지 않고, 상대에게 서운한 마음이 들지도 않는다. 이 얼마나 자유로운 인생인가.

모든 일은 우리 마음먹기에 달렸다. 성공이 꼭 나에게 찾아와야 한다는 법은 없다. 내가 삶의 중심인 '유아有我'에서 '무아'의 상태로 바뀌는 것이 바로 『금강경』의 주요 가르침이자 세상 번뇌에서 벗어날 비결이다. 세속적인 성공에 관해서는 각자가 생각하고 정의하는 바가 다르다. 그러나 다른 사람의 성공을 어떻게 바라보느냐에 곧 그 사람의 됨됨이가 드러난다. 단순히 그가 운이 좋았을 뿐이라고 생각하는 사람이 있는가 하면, 그만큼 열심히 노력했기 때문이라고 인정해 주는 사람이 있다. 아무런 조건 없이 타인의 성공을 기뻐하고 기꺼이 도와주는 상태가 될 때, 비로소 우리는 번뇌에서 벗어나 깨끗한 마음을 유지할 수 있으며, 성공과 실패의 개념에 제한되지 않는 인생을 살 수 있다.

금강경 한 구절

선남자, 선여인, 발 아뇩다라삼먁삼보리심, 응운하주? 운하항복기심?

善男子, 善女人, 發 阿縟多羅三邈三菩提心, 應云何住? 云何降伏其心?

『금강경·선현기청 제2분 金剛經·善現啟請分第二』

해석 선남자, 선여인이 완벽한 깨달음을 얻은 뒤에는 마땅히 어떻게 그 마음을 지키고 어떻게 그 마음을 항복받으오리까?

마음에 와닿는 문장을 필사해 봅시다.

_____

_____

_____

_____

_____

_____

거짓이 난무하는 세상 속에서
지혜롭게 살아가는 방법

어느 방면이나 깊이 연구하고 공부하다 보면 그 영역에서 이름난 대가나 멘토를 만날 기회가 온다. 그런데 그중 누가 진정한 지혜를 가진 자이고, 누가 진짜를 사칭한 사람인지 분별할 수 있을까?

보이스 피싱, 스팸 문자 등의 사기가 성행하고, 인공지능 기술을 활용한 딥페이크deepfake[8] 범죄가 난무하는 현대 사회에서는 무엇이 진짜이고 무엇이 가짜인지 판별하기 어렵다. 따라서 지금과 같은 시대에는 단순히 겉으로 나타나는 모습만 보고 그 진위를 판단하는 것보다 더 깊은 차원의 상호작용이 필요하다. 그러기 위해서는 먼저 자신이 진정으로 원하는 것이 무엇인지 성찰하고 돌아봐야 한다.

---

[8] 인공지능 기술을 활용해 기존 인물의 얼굴이나, 특정 부위를 합성한 영상 편집물. 인공지능 심층 학습을 뜻하는 '딥러닝(deep learning)'과 가짜를 뜻하는 '페이크(fake)'의 합성어이다.

제1장

고통을 끊어내다, 단사번뇌

D는 몇 년 전 창업에 도전해 성공했다. 회사는 순풍에 돛 단 듯 매출이 계속 올라 순식간에 덩치가 불어났다. 기쁜 일이었지만 그는 조직을 이끄는 과정에서 자꾸 힘에 부치는 것을 느꼈다. 특히 모두가 잠든 깊은 밤이 되면 허무함과 공허함이 배로 찾아왔다. 그러던 어느 날, 거래처 고객의 권유로 규모가 꽤 큰 불교 법회에 참석하게 되었고, 그 후 아무리 바빠도 매주 한 번씩은 저녁마다 법회에 다녀왔다.

그렇게 몇 달을 이어 가던 중 그는 여러 차례 내게 함께할 것을 권유했다. 어쩐지 매번 거절하기 힘들어 어렵게 시간을 내서 그와 동행했지만, 나는 그날 강의를 듣는 저녁 내내 속이 얹힌 것처럼 거북하고 불편했다. 강의를 맡은 대사라는 사람은 강론을 시작하기에 앞서 유명한 종교 단체 법사들을 하나하나 헐뜯었다. 그들의 경전 해석에 허점이 수두룩하며 오로지 자신의 관점만이 진리이자 참 지식이라고 가르쳤다.

더 놀라웠던 건 D는 평소 직원들 앞에서는 화를 참지 못하고 버럭버럭 소리를 잘도 질러댔는데 그 대사 앞에서는 순한 양으로 돌변한다는 점이었다. 무릎을 꿇고 허리를 조아리는 모습에 나는 내가 뭘 잘못 봤나 싶어 눈을 비빌 정도였다. 게다가 법회에 참석할 때마다 거액의 시주를 아낌없이 내놓았다. 평소 절약이 몸에 밴 그의 모습과는 너무 거리가 있어 내가 아는 그 사람이 맞나 싶을 정도였다.

평소 D와 친하게 지내던 친구들은 그가 사이비 종교에 빠진 건 아닌지 걱정했다. 특히 그 대사의 사생활이 큰 논란거리였다. 과거 해당 사찰을 드나들던 신도나 개종한 사람들의 말에 따르면 그는 정식으로 출가를 한 적이 없으며, 강의가 있을 때만 머리를 깎고 승려복을 걸친다고 했다. 삶 자체가 거짓이라는 것이다. 그중 진심으로 D를 걱정하는 친구들은 나에게 특별히 연락해서 부디 D를 말려 달라며, 그가 바른길로 갈 수 있도록 이끌어 줄 사람은 나뿐이라고 간곡히 부탁하기도 했다. 그렇지만 보통 이러한 사이비 종교에 빠진 경우, 특히나 일정 시간 세뇌 교육을 받은 뒤에는 아무리 주변에서 만류하고 권고해도 빠져나오기 어렵다. 따라서 이런 사람에게는 강력한 충고나 위협, 겁박보다는 인내심을 가지고 옆에서 함께해 주면서 그의 일상과 생각을 조용히 살펴보는 것이 중요하다. 그렇게 어느 정도 시간을 가지고 소통하는 것이 좋다.

사람과 사건을 구분해서 생각하라

D는 2년 정도가 지난 어느 날, 돌연 꿈에서 깨어난 사람처럼 정신을 차리고 그 집단을 떠났다. 그는 대사의 강론이나 언행이 불교학에서 가르치는 것과 크게 다르다는 점을 발견했다고 했다. 고맙게도 D는 나에게 먼저 연락을 해서 그동안 있었던 일에 관해 이야기를 나누고 싶다고 했다. 그의 얼굴을 본 순간, 안쓰러운 마음이 들었다. 낙담과 실의에 빠진 모습이었기 때문이다. 그는 자신의 속마음을 가감 없이 털어놓았다. 다행이었다. 내가 조금만 더 젊었더라면 욱하는 성질을 참지 못하고 D의 손을 잡고 그 대사에게 한달음에 달려가 한바탕 난리를 피웠을 것이다. 하지만 그랬다면 그 순간에는 마음이 시원했을지 몰라도 아마 D의 죄책감과 후회, 열등감이 심해져 그를 더 괴롭게 만들었을지 모른다.

인생의 수많은 굴곡을 지나오며 깨달은 한 가지는 겉으로만 '그럴싸한 이야기'와 '실질적인 진리'를 잘 분별할 줄 알아야 한다는 것이다. <u>사람의 겉모습에 속아 눈과 마음이 흐려져서는 안 된다. 진정한 지혜는 정신을 차리고 그것을 분별할 때 얻을 수 있다.</u>

어쩌면 그 대사가 한때 자신의 이익과 명성을 위해 신도들을 이용한 것일지도 모른다. 그러나 강론 가운데 단 한 사람이라도 경전의 한 글자, 혹은 한 구절로 깊은 깨달음을 얻었다면 그것만으로도 충분하다고 할 수 있다. 나는 이런 시각으로 D와 이야기를 나누면서 그의 존엄을 지켜주려고 했다.

물론 이런 논리를 모든 사안에 적용할 수는 없는 노릇이다. 어떤 사람은 이런 일로 사기를 당해 재산을 모두 탕진하기도 하고 가족을 잃기도 한다. 죽을 때까지 고통받으며 끝내 회복하지 못하는 경우도 허다하다.

소위 '영험함'을 앞세워 액운을 물리치고 병을 고쳐 준다며 사람들을 미혹하는 사설 단체들이 많다. 진심을 다해 아픈 이의 심령을 치유한다면 비난할 이유가 없다. 하지만 문제는 자신이 신내림을 받았다며 거짓으로 사람들을 속이고 우롱하는 자들이 있다는 것이다. 그들은 '○○신神'이 자기 몸에 환생했다고 말하면서 일부러 외모를 그렇게 만들거나 목소리를 꾸며 낸다. 그런 식으로 우울하고 병든 사람들을 기만해 돈을 갈취하거나 심지어는 성적 착취를 자행한다. 천벌을 받을 일이다.

그렇다면 이런 사람들은 어떻게 분별할 수 있을까? 아무리 신통력神通力을 지녔다고 할지라도 그들은 그저 신의 말을 전달하고 '통역'하는 일종의 매개일 뿐, 그 자신이 신이 될 수는 없다. 다시 말해 자칭 '영매靈媒9'

일 뿐, 그가 곧 신은 아니다.

겉으로 보이는 모습보다 훨씬 더 중요한 것

상대가 진짜인지 아닌지 구별하기 위해 그 대상을 잘 관찰해야 하는 것도 있지만, 나의 마음과 생각도 잘 들여다봐야 한다.

"만일 색으로써 나를 보고자 하거나 소리로써 나를 구하고자 한다면 이 사람은 헛된 도를 행하는 자로 여래[10]를 볼 수 없다."[11]

『금강경』에 등장하는 유명한 사구게四句偈[12]중 하나로 겉으로 보이는 형상이나 모습에 집착하지 말라는 가르침을 전하고 있다.

그저 불당에서만 부처의 가르침을 공경하는 척하고, 신변의 안위와 복을 바라면서 실제로는 정법을 따르지 않고 경전의 가르침을 행하지 않는다면 그 인생은 참 지혜와 깨달음을 얻을 수 없다.

위 구절은 쿠마라지바 번역본을 인용한 것이며, 당나라 승려 현장 대사가 번역한 버전에는 다음 문장이 추가되어 있다.

---

9 신령(神靈)이나 죽은 사람의 영(靈)과 의사(意思)를 통하게 하는 매개자. 무당이나 박수 등을 말한다.

10 불교에서 말하는 진리를 몸으로 체현한 자, 열반(涅槃)에 다다른 자라는 뜻으로 석가모니 부처를 가리키는 용어.

11 若以色見我, 以音聲求我, 是人行邪道, 不能見如來.

12 부처를 찬미하는 시가(詩歌). 대개 네 구절로 이루어져 있다.

"진정한 불법의 본질은 문자나 말로 모두 형용할 수 있는 것이 아니며 사람의 의식으로 깨달을 수 있는 것이 아니다. 그러므로 인간의 감각과 이성을 뛰어넘어야 비로소 진정으로 깨달을 수 있다."[13]

오랫동안 불교학을 연구한 장훙스張宏實 선생은 "석가모니에 대한 깨달음은 겉으로 보이는 모습이 아닌 불법을 통해 이뤄진다."라고 강조하기도 했다.

진짜 가르침과 가짜 가르침을 분별하려면 겉모습뿐 아니라 본인의 내면도 깊이 들여다볼 줄 알아야 한다. 자신이 진정으로 추구하는 바는 무엇인지, 배운 진리를 일상에 적용하며 잘 수행하고 있는지 살펴보자. 진정한 깨달음을 얻으려면 마음을 어지럽히는 갖가지 상념을 없애야 한다. 쉽게 얻어지는 것은 없다. 그 지난한 과정을 거쳐야만 비로소 거짓에 속지 않고 몸과 마음을 다스리며 평안에 이를 수 있을 것이다.

---

[13] 應觀佛法性, 卽導師法身, 法性非所識, 故彼不能了.

금강경 한 구절

약이색견아, 이음성구아, 시인행사도, 불능견여래.

若以色見我, 以音聲求我, 是人行邪道, 不能見如來.

『금강경·법신비상 제26분 金剛經·法身非相分第二十六』

해석 만일 외모나 소리로만 부처를 구한다면 그는 빛깔과 형상의 제약을 받아 옳은 길로 가지 못하나니, 결코 진실한 모습의 부처를 만나지 못할 것이다.

마음에 와닿는 문장을 필사해 봅시다.

오른손이 하는 일,
꼭 왼손이 모르게 해야 할까

　　　　　　　　　나의 어린 시절만 해도 전체적인 사회 분위기는 매우 보수적이었다. 대다수 사람은 '오른손이 한 일을 왼손이 모르게 하라'는 원칙을 당연한 것처럼 받아들였으므로 선행을 한다고 해도 사람들 앞에서 딱히 티를 내지 않았다. 도리어 몰래 하는 것을 미덕으로 여겼다. 그런데 요즘은 다르다. 사회 유명 인사나 인플루언서들이 아예 기부 금액이 찍힌 영수증을 본인의 SNS 계정이나 미디어에 공개하니 그야말로 격세지감이다.

　기왕 좋은 일 하는 거 사람들에게 널리 알린다 한들 크게 문제 될 건 없다. 때로는 그것이 팔로워들이나 구독자들에게 좋은 영향을 미쳐 선행에 동참하게 하므로, '아름다운 선순환'이라고도 할 수 있다.

　물론 이 문제에 관한 정답은 없다. 그러나 선행의 목적과 그것을 드러내는 행위의 동기가 무엇인지는 정확히 살펴볼 필요가 있다. 만일 사람들의 평가가 어떠하든 지속해서 누군가를 조건 없이 도와주고 싶다면 대중이 그것을 알아 주든 말든 크게 상관없다.

은성은 안정적인 직장을 그만둔 후 현재는 온라인에서 매우 유명한 인플루언서로 활동하며 물건을 판매한다. 기부도 자주 하는 그녀는 때마다 꼭 그 영수증을 온라인에 올리는데, 그녀의 팔로워나 구독자들은 그런 그녀의 '아름다운 마음'을 아낌없이 칭찬한다. 그 모습을 본받고 싶다며 기부에 동참하는 사람도 많고, 그녀를 따라 자신의 선행을 SNS에 노출하는 사람들도 늘어났다.

그녀의 전 남자친구 재하는 이별 후에도 여전히 그녀와 연락을 이어가고 있다. 특히 업무로 그녀에게 많은 조언과 도움을 주었는데 어느 날 갑자기 그로부터 이런 메시지가 날아왔다.

"선행하는 건 좋은데 그렇게 과시할 필요는 없지 않을까? 심지어 누군가는 네가 물건을 더 많이 팔고 싶어서 일부러 보여 주기식 선행을 한다고 생각할지도 몰라."

그의 메시지에 그녀는 화가 치밀었다. 비록 연인으로서의 인연은 끝났지만, 좋은 친구로는 남으리라 생각했는데 그 메시지를 받은 뒤로 더 이상 그럴 일은 없을 거라고 다짐했다.

주밀이 되어 은성은 오랜 친구인 혜윤을 만나 수다를 떨다가 이 이야기를 해 주었다. 잠자코 듣고 있던 혜윤이 물었다. "그게 왜 화가 나는 거야? 너의 어디를 건드렸길래?"

은성은 몰래 나쁜 짓을 하다 들킨 사람처럼 흠칫 놀랐다. "그 녀석 말이 사실이 아니어서, 그래서 너를 이해해 주지 않는 것 같아서 화가 나는 거야? 아니면 네가 감추고 싶었던 진짜 마음을 들켜서 화가 나는 거야?"

과연 혜윤이었다. 오랜 세월 알고 지낸 사이라서 그런지 한 번에 그녀의 마음을 훤히 들여다보았다. 사실 그녀의 마음속에는 두 개의 생각이 서로 줄다리기하는 중이었다.

'물건을 잘 팔면 기부도 많이 할 수 있으니까 좋은 거 아니야? 그게 뭐 어때서. 그걸 뭘 그렇게까지 말한담?'

하지만 그러면서도 한편에서는 다른 목소리가 들렸다. '정말 진심에서 우러나온 선행이 맞아? 그 녀석 말처럼 그냥 돈 벌고 싶은 네 탐욕을 선행이라는 이름으로 포장한 거 아니야?'

진정한 선행에는 그 어떤 조건이나 목적이 따르지 않는다

사실 혜윤은 은성의 이야기를 들으면서 얼마 전 법회에서 들었던 『금강경』 강론 내용이 떠올랐다. 특히 마지막에 강사가 했던 말이 마음에 깊이 남았다.

"선행은 본래 좋은 것입니다. 그 자체가 아주 중요한 수행의 방식이기도 하지요. 하지만 만일 자신의 이익을 위해 선행을 한다면 그로 인해 얻을 수 있는 모든 행복이 순식간에 사라집니다."

혜윤은 이 말을 은성에게 해 줄까 말까 망설이다가 결국 그만두었다. 아무리 친한 사이라고 해도 지금 이 말을 꺼내면 안 그래도 심란한 은성의 마음에 짐만 더할 것 같았기 때문이다. 그래서 그저 편하게 이렇게 말해 주었다. "괜찮아, 은성아. 그냥 마음 놓고 하던 대로 해. 너무 많은 생각할 필요 없어."

그 후 며칠이 지나고 혜윤은 자신이 은성에게 해 준 이야기를 건네며 내 견해를 물었다. 나는 그녀의 총명함에 진심으로 감탄했다.

"정말 잘했어요! 마음 놓고 하던 대로 하라는 것만큼, 괜한 생각 너무 많이 하지 말라는 것만큼 좋은 조언이 어딨겠어요. 원래 선행이 그런 거죠. 뭘 많이 생각하면 안 돼요."

혜윤은 뭔가 경전에 관한 멋들어진 해석을 기대하며 내게 연락했겠지만 사실 나는 해 줄 말이 없었다. 정말 그것은 한마디 한마디 진심에서 우러나온 것이었다.

> "보살은 이와 같이 보시하되, 그 어떤 대상에도 집착하지 않아야 한다. 외형에 머물지 않고 보시하면, 그 복과 덕이 헤아릴 수 없다."[14]

이는 『금강경』에 나오는 구절로 누군가를 도와줄 때는 그 겉모습에 치중하지 않아야 한다는 뜻을 담고 있다. 앞에서 말했던 것처럼 불교에서 말하는 '보시'란 자비심을 품고 누군가에게 재물이나 불법을 전하는 일을 말한다. 간단히 풀이 보자면 선행을 할 때는 다음의 세 가지를 하지 말아야 한다는 뜻이다.

---

14 菩薩應如是布施, 不住於相. 若菩薩不住相布施, 其福德不可思量.

첫째, 진심에서 우러나오지 않은 가식적인 선행은 하지 않는다.

둘째, 타인을 위해 내가 무엇을 희생했는지 헤아리지 않는다.

셋째, 도와주는 대상이 어떠한 조건이나 배경을 지녔는지 따져 보지 않는다.

누군가를 도와줄 때는 이 세 가지를 꼭 유념해야 한다. 가장 중요한 이유는 이로써 '아집'을 내려놓을 수 있기 때문이다. 아집은 자기중심의 좁은 생각에 집착하여 다른 사람의 의견이나 입장을 고려하지 않고 자신만 내세우는 것이다. 아집을 내려놓으면 헤아릴 수 없을 만큼의 큰 행복과 기쁨을 누릴 수 있다. 그리고 그보다 더 중요한 건 '나'를 내려놓는 사람은 자신이 그 행위를 통해 얼마만큼의 이득을 보았는지 연연하지 않는다는 점이다.

헤아릴 수 없는 행복을 누리면서 자신이 얼마나 행복한지에 연연하지 않는 삶이야말로 『금강경』의 핵심 가르침이라고 할 수 있다.

진정한 선행은 형식에 얽매이지 않는다

모두가 그런 건 아니지만, 인플루언서 중에는 유료 광고나 협찬, 상품 판매를 통해 벌어들인 돈으로 공익 활동에 참여한 뒤 그 내역을 낱낱이 SNS에 공개하는 이들도 있다. 어쩌면 비즈니스 기회를 선행으로 아름답게 포장해 구독자나 팔로워들의 호감을 끌어내려는 목적이 숨겨져 있을지 모른다. 선행도 하고 인기도 얻으니 일거양득이다. 물론 신용도를 끌어올리면서 대중을 기만하지 않고, 자기 영향력을 키워 더 많은 사람이 선행에 참여하게 독려하니 여러모로 좋은 일이 아니냐고 말하는 이들도 있을 수 있다.

목적과 방법이 어떠하든, 우리가 곰곰이 생각해 보아야 하는 것은 그러한 행위의 가장 근본적인 동기가 무엇인지, 혹시 그것이 자신의 이익을 위한 것은 아닌지 돌아보는 것이다. 만에 하나 그 마음 중심에 '자신'이 있다면, 가령 더 큰 명성을 얻기 위해, 판매 실적을 올리기 위해, 구독자 수를 늘리기 위해서라면 그것은 결국 '아집'을 키우는 일이 될 수밖에 없다. 그것이 곧 번민의 근원이 된다.

시끌벅적하게 소문내며 행하는 선행의 중심에 사리사욕이 존재한다면 '아집'을 키워 걱정과 근심을 불어나게 하는 셈이다. 그저 어떠한 이익을 얻으려는 마음이 아닌, 선행의 과정을 공개함으로써 사람들을 독려하고 그 방법을 참고하게 하려는 건 아무 문제가 없다. 명성과 이득을 좇지 않고, 득실을 따지지 않으며, 설령 그 일로 루머에 휘말린다고 하더라도 흔들리지 않아야 한다. 이러한 마음 상태가 바로 '무아'의 개념과 일치한다.

"오른손이 한 일을 왼손이 모르게 하라."라는 옛말이 있지만 『금강경』의 관점으로 현대인의 선행을 바라본다면 "오른손이 한 일을 왼손이 '적당히' 알게 하라."로 바꿀 수 있을 것이다.

선행할 때 누가 알든 모르는 마음의 경계를 지키며 사리사욕에 연연하지 않는다면 자유로운 상태가 될 수 있다. 내가 한 일을 특별히 소문낼 필요도 없고, 또 누군가의 시끌벅적한 선행에 휘둘릴 필요도 없다. 형식에 얽매이지 않으면 마음속 번뇌도 사라진다.

금강경 한 구절

보살응여시보시, 불주어상.

菩薩應如是布施, 不住於相.

『금강경·묘행부주 제4분 妙行無助分第四』

해석 진정한 보살은 어떠한 겉모습에도 얽매이지 않고 자비와 선행을 베풀어야 한다.

마음에 와닿는 문장을 필사해 봅시다.

내 생각을 내려놓지 않으면
사물의 진상을 볼 수 없다

여름이 막 시작될 무렵, 한 유명 기업의 요청으로 해당 기업에서 막 출시한 신상품의 라이브 방송 패널로 참여하게 되었다.

사전 미팅에서 마케팅 담당자는 특별히 드레스 코드에 관해 "너무 차려입을 필요는 없고 스마트 캐주얼로 입으시면 됩니다!"라고 했다. 위아래 정장으로 갖춰 입을 필요는 없지만, 그렇다고 해서 집에서 퍼져 있는 사람처럼 너무 편하게 입어서도 안 된다는 뜻이었다. 그래서 나는 검정 9부 바지에 로퍼를 신고 폴로 티셔츠에 콤비 재킷을 걸쳤다.

회사는 오피스 빌딩과 주택이 혼재하는 지역에 있었다. 복잡하고 시끄러운 낮에 비해 해가 진 저녁은 동네 전체가 아주 고요했다. 어둑하고 조용한 바깥 풍경이 환하게 조명을 밝히고 있는 사무실과 선명한 대비를 이뤘다.

제1장

고통을 끊어내다, 단사번뇌

현장에 도착하고 보니 입구 쪽 작은 의자에 키 작은 남성 한 명이 앉아 있는 게 보였다. 머리칼은 하얗게 세고 셔츠 앞섶 단추 몇 개를 아무렇게나 풀어 헤친 그는 맨발에 슬리퍼를 신고 있었다. 나는 잠시 그가 산책 나온 인근 주민인지 아니면 사무실 직원인지 헷갈렸다. 그와 눈이 마주친 찰나, 나는 본능적으로 미소를 머금어 목례를 건넸고, 그 역시 미소로 답해 주었다.

세트장으로 들어간 뒤 나는 곧바로 '업무 모드'로 들어갔다. 스크립트에 따라 멘트를 했고, 방송은 큰 실수 없이 순조롭게 진행됐다. 방송 시작 30분 만에 목표 판매 수량을 모두 달성했다. 한 시간여의 방송이 끝나고 스텝들은 즐거운 분위기에서 서로 수고했다는 인사를 건넸다. 마무리 정리를 하고 기분 좋게 현장을 나오려는데 아까 그 자리에 머리가 센 노인이 그대로 앉아 있는 게 보였다. 그때 갑자기 스텝 중 한 명이 다가와 내게 그 사람을 소개했다.

"인사하세요. 저희 대표님이세요." 천만다행이었다. 어릴 때부터 내게 어딜 가든, 누굴 만나든 예의 바르게 인사드려야 한다고 귀에 못이 박이도록 가르친 부모님이 안 계셨더라면 나는 오늘 큰 실수를 저지를 뻔했다.

"사람을 외모로 취하지 말라."라는 옛말이 있다. 외모만 보고 쉽게 사람을 판단하는 사람은 그만큼 자신의 교양 수준이 낮다는 것을 드러내는 것이다. 그렇지만 우리는 보이는 것에 쉽게 좌우될 때가 많다. 겉모습만으로 상대를 섣부르게 판단하면 실수를 저지르거나 무례를 범하기 쉽다.

습관적으로 외모만 보고 사람을 판단하는 이들은 스스로 시야를 가려서 마음을 자라지 못하게 한다. 보통 이런 경우 상대의 겉모습뿐 아니라 그 사람의 생각과 말투, 내면까지 자기 마음대로 판단하기 때문이다. <u>특히 누군가와 새롭게 일을 시작하게 되었다면 그동안의 고정관념이나 통상적 경험에 근거한 판단을 유보하는 것이 좋다. 그럴 때 비로소 그 사람의 진실한 면모를 볼 수 있기 때문이다.</u>

'돌보는 사람'이자 '돌봄을 받는' 우리

아픈 어머니를 돌본 세월이 근 삼십 년이 되어 간다. '어머니'에 대한 나의 기억과 생각은 단계별로 큰 차이를 보인다. 몇 년 전, 어머니가 '달'과 같다는 생각이 들었다. 하지만 정월 대보름의 그것과는 너무도 달라 마음이 씁쓸하고 슬펐다. 아마도 나의 이 생각에 많은 사람이 공감했던 것 같다. 강의할 때마다, 글을 올릴 때마다 이런 이야기를 하면 눈물을 훔치는 사람이 많았던 걸 보면.

초등학교 때 처음 들었던 노래가 있다.

엄마는 달
우리 집을 환하게 비춰 주는 달
엄마는 달
성결하고 깨끗한 달
사랑으로 날 감싸 주는 달

나이가 들고 어른이 되어서야 세상의 모든 어머니는 저마다 다른 기질과 성격을 가졌다는 걸 알았다. 어머니는 때때로 화를 내기도 했고, 맑은 날도 있었지만, 먹구름이 잔뜩 껴서 잘 보이지 않는 날도 있었다. 날마다, 시시각각 다른 모습이 보였다.

뇌졸중으로 쓰러진 어머니는 얼마 후 암 진단을 받았다. 통증으로 괴로워하는 날이 많았고, 노화의 영향으로 사물에 대한 인지 및 이해 능력도 급격히 저하되었다. 어머니가 표현하는 감정의 방식과 내가 이해하는 바가 다른 날이 많았다. 싱글벙글 웃으며 기분이 좋아 보이길래 '어서 약 드시고 건강을 회복하자'고 하면 갑자기 안색이 변해 내게 욕을 하거나 물건을 집어 던지곤 했다.

특히 어머니처럼 당뇨병을 앓는 환자의 경우 혈당 관리 때문에 식이 조절은 필수였다. 그러나 먹고 싶은 걸 마음대로 먹지 못해 화가 나는 날에는 밥그릇을 뒤엎고 수저를 던지는 '막장 드라마'가 펼쳐지기도 했다. 평소에는 온화하고 선한 이미지의 어머니였기에 겪어 보지 않은 사람은 상상도 할 수 없는 폭력적인 모습이었다. 나조차 처음에는 너무 놀라 당황하기 일쑤였고, 서로 감정 조절을 하지 못해 폭발하기도 했다.

몸과 마음이 지쳐 너무 힘든 날에는 이런 생각까지 들었다. '저 여인이 정말 내가 알던 그 여인이 맞는 걸까?' 답은 당연히 맞기도 했고 또 아니기도 했다.

이번 생에 맺어진 어머니와 아들로서의 인연은 결코 변할 수 없는 것이다. 우리가 서로를 사랑한다는 본질은 여전하다. 가끔 어머니는 정신이 온전할 때 내게 묻는다. "밥은 먹고 다니니?" "배 안 고파?" 외출할 때면 열쇠와 지갑을 잘 챙겼느냐고도 묻는다. 그런 잔소리들이, 사소한 관심들이 사랑이 아니면 무엇이겠는가.

그녀를 간병한 지 삼십여 년의 세월이 지나면서 나는 내가 누군가를 '돌보는' 간병인이자 또 누군가에게 '돌봄을 받는' 여린 존재임을 깨달았다.

우리는 날마다 변해 가는 중이다. 어머니는 어제의 어머니가 아니고, 나 역시 어제의 내가 아니다. 어머니가 항상 내 바람과 기대대로 행동해 주기를 요구할 수는 없는 노릇이다. 그래서도 안 된다.

어린아이에서 건장한 성인으로 자라고, 또 머리가 조금씩 세어 가는 나이가 되면서 깨달은 것은 내가 고집하는 생각과 방법을 내려놓을 때 비로소 사물의 진실한 모습을 볼 수 있다는 것이다. 그사이 수많은 좌절과 실망, 고통을 겪으며 어머니에 대한 나의 관점과 생각은 조금씩 바뀌었고 이 세상 어머니에 관한 생각과 견해도 바뀌었다. 우리 어머니를 포함한 세상의 모든 어머니는 부드러우면서 드세고, 연약하면서도 용감하다. 서로의 단점에만 집중하지 않으면 우리 개개인은 모두 완벽한 존재다. 허무맹랑한 이야기가 아니라, 이것이야말로 삶을 지혜롭게 살아가는 태도다.

제1장

고통을 끊어내다, 단사번뇌

금강경 한 구절

범소유상, 개시허망, 약견제상비상, 즉견여래.

凡所有相, 皆是虛妄, 若見諸相非相, 卽見如來.

『금강경·여리실견 제5분 金剛經·如理實見分第五』

해석 무릇 모양새라는 것은 다 허망하니, 겉으로 보이는 모양새를 다른 눈으로 보면
곧 여래를 만날 수 있으리라.

마음에 와닿는 문장을 필사해 봅시다.

들어올릴 능력을 갖출 때
비로소 내려놓을 용기가 생긴다

총 260자로 이루어진 『반야심경』에는 스물한 번의 '없을 무無'가 등장한다. 이로써 인생의 모든 것이 허무하고 덧없음을 설파한다. 반면 약 5천 자에 달하는 『금강경』에는 비슷한 의미의 '빌 공空15'이라는 글자가 거의 등장하지 않는다. 후세 사람들은 이것이야말로 '덧없음'의 본질을 철저하게 드러낸 것으로, 세상의 모든 것이 실제로 존재하는 것이 아님을 깨닫게 한다고 여겼다.

『반야심경』과 『금강경』은 길이나 구조는 서로 다르지만, 모두 대승불교의 핵심 사상인 '허무함' '덧없음'을 강조한다. 특히 모든 현상은 유동

---

15 많은 학자가 『금강경』에 '공(空)'이 단독으로 등장하지 않고 '공성(空性)'처럼 두 글자로 등장한다고 지적한다. 그들은 『금강경』 제4분에 등장하는 '허공(虛空)'의 '공'은 우주 공간을 가리키는 것이며, 제16분에 등장하는 '공과(空過)'는 '사라진다'라는 의미를 나타내는 것이므로 서로 다른 뜻으로 사용된다고 주장한다.

적으로 변화하며, 독립적으로 존재할 수 없음을 가르친다. 이 진리에서 떠난 생각은 덧없는 망상이며, 이것을 없애야만 비로소 아집이 사라지고 번민에서 자유로울 수 있다고 말한다.

사람들은 종종 입버릇처럼 "다 부질없다"라고 말한다. 그 말의 의미는 결국 '모든 것이 본래 존재하지 않는다'라는 것이다. 많은 이가 명예와 이익을 따라 살지만, 끝까지 따라가 보면 결국 그 어디에도 영원히 존재하는 것은 없다. 그런데 이 가르침을 깊이 고민하고 연구해 보지 않으면 자칫 불교가 매우 부정적이고 소극적인 종교라고 생각하기 쉽다.

누군가는 이렇게 생각할 수도 있다. '기왕에 세상만사 모두 덧없고 허무하다면 인생을 왜 열심히 사나?' '우리가 이 세상에 태어난 건 다 의미 없는 일인가?'

많은 사람이 오해하고 있는 것 중 하나는 소위 '긍정'과 '부정'은 절대적이거나 독립적인 개념이 아니라는 점이다. 이것은 '흑백 논리'와 같은 이분법적 사고방식으로 단순히 결론 내릴 수 있는 성질의 것이 아니다.

예전에 한 학자가 자동차 운전을 비유로 들어 이 개념을 설명한 적이 있다. 자동차를 움직이고 속력을 내게 하려면 반드시 '액셀러레이터'를 밟아야 한다. 반대로, 신나게 달리는 자동차의 속력을 늦추거나 멈추게 하려면 '브레이크'가 필요하다. 표면적인 관점에서 자동차의 존재 이유를 보면 '액셀러레이터'는 긍정 요소이고, '브레이크'는 부정 요소다. 하지만 그렇다고 해서 단순히 이러한 개념으로만 설명할 수는 없다.

일촉즉발의 위급한 상황에서 '브레이크'는 매우 긍정적인 역할을 한다. 이 장치가 있어야만 사람과 차 모두 안전을 보장받는다.

식생활을 예로 들어보자. 규칙적인 식습관과 운동은 '긍정'적인 요소이다. 병에 걸릴 위험을 낮추고 약을 먹을 필요가 없다. 그렇지만 나의 어머니처럼 중풍과 암을 동시에 앓고 있는 고령 환자의 경우, 운동이 아니라 제시간에 약을 먹고 정기적으로 건강검진을 받는 것이 '긍정적' 행위에 해당한다.

현재에 충실하되 결과에 연연하지 말자

불교에서는 사람을 억지로 가르치지 않는다. 오히려 아무것도 하지 않음으로써 깨달음을 얻게 한다. 또한, 최선을 다한 뒤에도 아무것도 하지 않은 사람처럼 평온한 마음을 유지한다. 그것을 가장 잘 드러내는 진리가 바로 '현재에 충실하여 최선을 다하되, 결과에 연연하지 말고 집착하지 말라'는 가르침이다.

그런데 문제는 대다수 사람이 이와 반대로 산다. 현재에 최선을 다하지 않아 노력할 수 있는 시간을 그냥 흘려보낸다. 그래 놓고 막상 결과가 나오면 실망하고 슬퍼하고 분노한다.

현재에 충실해 최선의 노력을 다했지만, 본인이 원하는 만큼 결과가 나오지 않아 좌절하는 사람도 있다. 그런 사람은 그럭저럭 적당히 한 사람보다 훨씬 더 후회하고 슬퍼한다.

사실 노력의 정도는 사람마다 달라서 절대적인 기준으로 판가름하기 어렵다. 그건 오직 자기 자신만이 안다. 일이 마무리된 다음에는 얼마만큼의 노력을 기울였든, 그 결과가 자신의 바람대로 되었든 아니든 집착할 필요는 없다. 집착하면 할수록 번뇌만 더해질 뿐이다. 내려놓는 법을 배울 때 비로소 해방감을 느낄 수 있다.

아버지가 돌아가시기 전, 병원에 누워 계셨던 그 시간이 아직도 생생하게 기억난다. 당시 아버지는 80세였다. 원래 아주 정정한 양반이셨는데 어느 날 갑자기 심장의 불편함을 호소해 구급차에 실려 갔다. 그렇게 입원한 뒤 단 4개월 만에 급속도로 건강이 악화해 결국 세상을 떠나셨다.

당시 나는 병원에 계신 아버지뿐 아니라 중풍으로 쓰러진 어머니도 돌봐야 했고, 생계도 유지해야 해서 병원과 집, 회사를 매일 정신없이 뛰어다녔다. 언제 꺼질지 모를 촛불처럼 위태롭게 하루하루를 살아가는 내게 오랫동안 알고 지낸 친한 친구가 물었다. "대체 어떻게 버티고 있는 거야?" 당시의 내겐 다른 선택지가 없었다. 그래서였을까. 안쓰럽게 묻는 친구의 물음에 나는 단 1초의 망설임도 없이 대답했던 것 같다. "나중에 후회하고 싶지 않아."

집안의 '가장'이 된 나는 그렇게 30년 가까운 세월을 아무도 인정해 주지 않는 공로를 세우며 힘들게 보냈고, 여전히 진행 중이다. 그러나 매일 반복되는 이 나날을 포기하지 않고 노력할 수 있는 이유는 '나중에 후회하고 싶지 않다'라는 신념이 나를 지탱하고 있기 때문일 것이다.

하지만, 그렇다고 정말 단 한치의 후회도 없을까?

'내려놓음'으로 잘라내는 번뇌

아버지가 돌아가시고 20여 년이 흐른 뒤에야 나는 깨달았다. 아무리 최선의 노력을 다했을지라도, 심지어 내가 할 수 있는 한계를 뛰어넘어 노력했을지라도 후회는 남기 마련이라는 것을. 밤마다 내 머릿속에는 그런 생각이 마구 떠올랐다. '그때 만약 내가 …했더라면, 그랬다면 결과가 달라지지 않았을까?'

자책과 비난, 그 사이를 계속 오가는 이 과정은 끝이 없다. 밤에도 낮에도, 오늘도 내일도 쉬지 않고 문득문득 이어진다. 내가 할 수 있는 최선을 다하면 후회가 남지 않을 거로 생각했는데, 지나고 보니 어떻게 한들 후회는 남기 마련이라는 걸 알게 되었다. 내려놓지 못하고 그 순간을 붙들고 있는 사람에겐 정서적 채찍질이 더 심하다.

물론 내려놓는다는 건 결코 쉬운 일이 아니다. 최선을 다해 노력했던 사람에게는 더욱 그러하다. 다시 과거로 돌아가 어떻게든 상황을 무마하고 '구제'하고 싶은 마음이 굴뚝같다.

그러나 과거로 돌아가고 싶은 마음이야말로 헛된 망상이다.

<u>불교에서는 우리가 '포기'가 아닌 '내려놓음'을 배워야 한다고 말한다. '내려놓음'은 번뇌와 고통을 끊어내는 것으로, 끝없는 수련과 연습을 통해 얻어지는 마음이나. 그러나 '포기'는 내가 마땅히 져야 할 책임과 기대를 애초에 내려놓는 것으로 아무런 노력도 기울이지 않고 관심을 주지 않는 상태다.</u>

'최선을 다했지만 남는 후회'와 '최선을 다하지 않고 남는 후회'는 완전히 다르다. 전자의 아픔은 깊은 사랑과 애착에서 오지만, 후자의 아픔(혹은 아프지 않을 수도 있다)은 회피하고 싶은 마음에서 온다.

설령 세상 만물의 본연이 헛된 것이라고는 하나, 우리는 예측 불가능한 인생을 덤덤히, 최선을 다해 살아내야 하며, 내 앞에 직면한 여러 과제를 용기 있게 해결해야 한다. 그렇게 살다 보면 알게 된다. <u>스스로 문제를 해결할 힘을 갖출 때 비로소 내려놓음도 진정한 의미를 갖게 된다는 걸.</u> 문제를 해결하고자 하는 마음도, 그럴 능력도 없는 사람에게 '내려놓음'이란 그냥 처음부터 아예 시도조차 하지 않는 포기와도 같다.

금강경 한 구절

지아설법여벌유자, 법상응사, 하황비법.

知我說法如筏喻者, 法尚應捨, 何況非法.

『금강경·정신희유 제6분 金剛經·正信希有分第六』

해석 내가 말한 모든 법은 뗏목과도 같은 것이다. 법을 터득하여 육지로 건너간 사람에게 더는 뗏목이 필요하지 않다. 하물며 부처의 가르침조차 그러하거늘 바른 가르침에서 벗어난 말과 행동은 어떠하리.

마음에 와닿는 문장을 필사해 봅시다.

소박하지만
초라하지 않은 삶을 살려면

홍콩의 유명 배우 주윤발의 소탈한 일상이 미디어와 각종 온라인 커뮤니티에 공개되면서 대중의 주목을 받았다. 그는 평소 값비싼 브랜드의 옷은 거의 사지 않는 것으로 유명하며, 편안한 복장으로 마라톤을 즐기거나 지하철을 타고 맛집을 찾아다닌다. 그래서 팬들 사이에서는 '날 것의 주윤발 찾기'가 유행이다. 멀리서 그의 모습을 찍거나 함께 찍은 사진이 팬 커뮤니티에 자주 올라오거나 기사화되고는 한다.

사람들이 좋아하는 그의 이런 '대스타'답지 않은 특별한 면모는 두 가지다.

첫째, 그는 평소에 편안한 차림으로 등산이나 마라톤을 즐기며 건강을 관리하는데 그 모습이 어찌나 평범한지 언뜻 봐서는 그냥 스쳐 지나갈 정도다. 가끔 그를 알아 본 사람들이 함께 사진을 찍자고 하거나 사인을 요구하면 특별히 위험한 상황이 아닌 이상 거절하지 않고 기꺼이 응한다.

둘째, 그는 자신의 전 재산을 사회에 환원하겠다고 밝혔고, 실제로 2018년에 한화로 약 8,100억 원에 달하는 돈을 기부했다. 이에 관해 인터뷰하면 그는 특유의 익살스러운 미소를 지으며 재치 있고 겸손하게 대답한다. "제가 하고 싶어서 한 게 아니라 다 제 아내가 결정한 겁니다. 저도 기부 안 하고 싶어요. 얼마나 힘들게 번 돈인데요!"

연예계 소문난 애처가로 알려진 그는 아내가 매니저를 담당하고 있다. 물론 농담으로 한 말이지만 사실 그의 삶의 철학은 확고하다.

"하루에 두 끼 먹고살 돈만 있으면 충분하죠. 사실 저는 얼마를 기부했는지 정확히 몰라요. 어쨌거나 빈손으로 이 세상에 왔으니, 빈손으로 돌아가도 괜찮아요."

물론 기부 금액으로만 따지면 그가 세계 1위는 아닐 수 있다. 하지만 그의 유머스럽고 소박한 삶의 태도는 많은 사람의 마음을 일렁이게 한다. 완전히 은퇴한 건 아니지만, 한때 중화권 최고의 스타로 찬란한 스포트라이트와 팬들의 박수갈채를 받으며 살았던 그는 현재 잠시 활동을 쉬고 있다. 좋은 작품이 있으면 언제든 다시 참여할 거라며 소박하고 무탈한 일상을 보내는 중이다.

화려했던 삶의 한복판에 있었던 사람이 그 페이지를 마무리하고 평범한 인생을 산다는 건 쉬운 일이 아니다. 사람의 습성은 한번 길들면 좀처럼 바뀌지 않기 때문이다. 소박한 삶을 살겠다고 해 놓고 여전히 흥청망청 방종하게 사는 경우가 많고, 특히 자기 의지로 결정한 경우가 아니라면 후회하기도 한다. '무대'에서 내려와 놓고 여전히 자신이 정정하다는 걸 과시하기 위해 소싯적 자랑을 늘어놓으며 큰소리치는 일도 부지기수다.

철저하게 집념을 걷어내야 얻어지는 '무아'의 진리

우리가 과거에서 쉽게 벗어나지 못하는 이유는 한때 잘나갔던 '나'를 놓지 못하기 때문이다. 이제는 그 시절만큼의 재물이나 직위, 명성이 없지만 그럼에도 본인이 생각하기에 아주 '대단했던' 그 시절의 '나'에서 벗어나지 못한다. '무명'처럼 보이는 지금과 그 시절의 '나'를 자꾸만 비교하면서 자괴감에 빠지고, 그렇게 번민의 고통 속에서 허덕인다.

『금강경』은 시종일관 '아집'을 없애야 한다고 강조한다. 집념을 없애야만 비로소 '무아'를 경험할 수 있기 때문인데, 이를 위해서는 <u>자신이 가장 사랑하는 것, 가장 아끼는 것을 정말 필요로 하는 사람에게 내어 줄 수 있어야 한다고 말한다. 이것이야말로 가장 효과적인 수행이자 훈련</u>이다.

화려했던 시절을 살아 봤던 사람일수록 소탈한 일상을 누릴 때 더 아름답게 빛나 보인다. 그리고 그것을 실제로 행하는 삶과, 거짓으로 '그런 척'만 하는 삶은 하늘과 땅 차이다.

숨을 쉬며 살아 있는 동안, 우리는 매일 집념을 내려놓기 위해 부단히 시도하고 경험하고 노력해야 한다. 집념이 사라지는 그 순간, 비로소 진정한 '비워 냄'의 경지에 오를 수 있다.

빈손으로 왔으니 하릴없이 시간만 때우다가 빈손으로 가라는 말이 아니다. 그러면 진정한 내려놓음을 경험할 기회가 없다. 존재하다가 사라지는 인생이지만 그 시간을 허망하게 살아서는 안 된다.

『금강경』에서 말하는 '덧없음'은 늘 변하는 세상만사의 본질을 꿰뚫고 거기에 집착해서는 안 된다는 의미를 담고 있다. 결코 일생을 하릴없이 보내도 좋다는 뜻이 아니다.

제1장

고통을 끊어내다, 단사번뇌

금강경 한 구절

약보살통달무아법자, 여래설명진시보살.

若菩薩通達無我法者, 如來說名真是菩薩.

『금강경·구경무아 제17분 金剛經·究竟無我分第十七』

해석 만일 무아의 법을 통달한 자가 있다면 여래는 그를 참 보살이라 칭할 것이다.

마음에 와닿는 문장을 필사해 봅시다.

제2장

무아의 경지에 이르는 삶, 무아도생 無我度生

나와 타인, 우리가
조화롭게 살아가는 방법

◆ 인내하라.

인간관계의 문제를 해결하고

관계의 실마리를 푸는 열쇠가

거기에 있다.

"마땅히 머무는 바 없이

　마음을 내어 주도록 하라."

"가짜를 진짜라고 생각하면

진짜도 가짜가 되고,

없는 것을 있다고 여기면

있는 것이 없는 것이 된다."

변화의 열쇠는
언제나 내 손안에 있다

불교 경전을 공부하고 이를 접목한 심리상담을 한 지도 꽤 오랜 시간이 흘렀다. 그동안 많은 내담자를 만나며 다양한 사례를 들었지만, 상담이 끝날 때면 마치 약속이라도 한 듯 다들 하는 말이 있다.

"감사해요. 선생님이 제 인생을 바꿔 주셨어요."

그럴 때마다 나는 단 1초의 망설임도 없이 대답한다.

"감사는요. 사실 가장 감사해야 할 사람은 바로 당신 자신입니다."

예의상 하는 말이 아니다. 겸손해 보이기 위해서 하는 말도 아니다. 정말 그렇다.

고통의 심연에 빠진 사람에게는 변화가 필요하다. 그런데 그 변화를 시도하는 것, 변화를 통해 운명을 바꾸는 것은 오직 그 사람만 할 수 있다.

그런데 많은 이가 슬럼프에 빠지면 그저 그 자리에 머물러 있으려고 한다. 하늘을 원망하고 부모를 욕하며, 자기에게 주어진 모든 환경을 탓한다. 그러면서 아무런 노력도 하지 않는다. 이것이 바로 삶에 아무런 변화가 일어나지 않는 이유다. 그들은 오랜 시간 불만족스러운 상태를 고수하며, 심지어 그런 상황에 익숙해져서 편안함마저 느낀다. 나는 이러한 현상을 '고통의 울타리'라고 부른다. 고통스럽긴 해도 괴로움이 익숙해진 나머지 그 안에서 안락함을 느껴, 변화를 일으키고자 하는 동기를 갖지 못하는 것이다.

바닥을 치고 일어나 새로운 삶을 살게 된 사람들은 자신에게 도움을 준 주변 사람들에게도 감사해야 하지만, 가장 먼저 자기 자신에게 감사해야 한다.

몇 년 전, S가 나를 찾아왔다. 당시 그녀는 남편의 외도로 이혼을 한 상태였다. 아직 자신의 상황을 받아들이지 못해 몹시 괴로운 상태였지만, 남편은 이미 새로운 여자와 살림을 차리고 새 출발을 했다고 했다. 법에 관해 잘 알지 못했던 그녀는 남편이 내민 '협의 이혼서'에 순순히 도장을 찍어 주었다. 그 결과 이혼 합의금은 단 한 푼도 받지 못했고, 하나밖에 없는 아들의 양육권조차 남편에게 빼앗겼다.

후회와 눈물 속에 가슴을 치며 살다가 결국 우울증에 걸렸고, 불안한 정신 상태는 업무에도 지장을 주었다. 정기적으로 정신과 상담을 받아야 했고, 시간에 맞춰 약을 먹으며 6개월을 겨우 버텼지만 결국 회사에서 해고당했다.

삶을 포기하고 싶어 몇 번이나 극단적인 선택을 할까 생각하던 중에 우연히 유튜브에서 내 채널을 발견하게 되었고, 영상을 본 뒤로 내게 상담을 요청해 왔다.

인생의 모든 책임은 '나'에게 있다

개인적으로 중국과 영국에서 심리상담을 전공한 뒤 학위를 취득했지만, 대만에서 불교를 접목한 심리상담을 하려면 미국의 '무의식 치료법'을 접목하는 것이 가장 효과적이라고 판단했다. 이 시스템은 사람의 의식층을 통과해 무의식에 뿌리내린 근본적인 신념을 바꿔 놓는 것으로 실제 임상을 통해 여러 성공 사례를 확보했다. 내담자들은 이를 통해 무의식에 숨은 그릇된 잡념을 없애고, 자신이 진정으로 원하는 것이 무엇인지 알고 행동으로 옮길 수 있다.

S는 새로운 삶을 살고 싶다고 했다. 몇 차례에 걸친 상담을 통해 그녀는 근본적으로 자기 안에 뿌리 깊이 자리한 잘못된 신념, 즉 '나는 사랑받지 못하는 존재'라는 신념을 발견했다.

상담에 표현하고 소통하는 기술을 접목해 자신의 감정을 적극적으로 드러내는 법을 배우자 본인도 미처 생각하지 못했던 속도로 회복했다. 그녀는 완전히 다른 사람으로 다시 태어났다.

그녀는 새롭게 일자리를 구했고, 전남편과는 대화를 통해 아들을 접견할 시간과 방식을 조정했다. 비록 전남편이 대화 중에 현재 자신의 아내 이야기를 종종 꺼내 마음을 헤집어 놓았지만, 그럴 때마다 그녀는 마음을 다잡고 평정심을 유지했다. 전남편조차 그녀의 변한 모습에 놀라 "당신 왜 이렇게 변했어?"라고 물을 정도였다. 그러면 그녀는 여유로운 미소를 지으며 대답했다.

"그러게. 어떻게 보면 당신에게 감사해. 하지만 제일 감사해야 할 사람은 나 자신이지."

미국에서 공식 인증한 '무의식 치료사' 자격증을 취득한 나는 이 훈련법이 특별히 중시하는 것, 즉 '모든 변화의 중심에는 내가 있다'라는 걸 얼마나 강조하는지 잘 알고 있다. 다시 말해 무의식에 숨은 신념을 바꿀 수 있는 사람은 오직 '자신'뿐이라는 것이다.

그런 의미에서 내담자의 무의식을 이끌어 주는 사람을 '코치'나 '스승'으로 표현하지 않고 조력자라는 뜻의 '퍼실리테이터facilitator'라고 부른다. 이를 '지도자' 혹은 '촉진자'로 번역한 문헌들이 있긴 하지만, 번역이 어찌 되었든 변화의 중심에는 도움을 받는 사람, 즉 내담자가 있다. 변화의 열쇠 역시 내담자가 쥐고 있다.

온라인 백과사전 위키피디아의 해석에 따르면 '퍼실리테이터'란 조직의 협력을 도모하고, 그들이 공동의 목표를 이해하여 그것을 실현하기 위해 어떠한 노력을 해야 하는지 일깨워 주는 조력자를 뜻한다. 나는 이 개념을 심리상담에 적용하고 있다. 상담의 모든 과정은 내담자 위주로 진행한다. '퍼실리테이터'가 절대 주가 되어서는 안 된다. 상담을 통해 내담자는 다음과 같은 사실을 깨닫는다.

<u>변화의 열쇠는 다름 아닌 내담자 본인이 쥐고 있다. 열쇠를 본인이 들고 있으므로 더 나은 사람으로 변하고자 하는 의지와 결정, 권리를 빼앗을 사람은 아무도 없다. 타인은 그저 변화를 도와주는 매개체일 뿐이다. 인생의 변화는 오로지 본인에게 달려 있다.</u>

나를 성장하게 하는 사람은 오직 나 자신이다

"여래가 말하는 아我가 있다는 것은 곧 아가 있음이 아니거늘, 사람들은 이를 아가 있다고 여기느니라."[1]

석가모니가 제자 수보리에게 했던 말로, 이를 요즘 삶에 적용해 보면 비록 석가모니는 자신을 '나'로 지칭했으나 사실 진정한 '나'라는 것은 존재하지 않는다는 뜻으로 해석할 수 있다. 일반적으로 사람들은 석가모니라는 존재, 즉 '나'에 집착한다. 이는 '나'라는 실존 인물이 사람들을 구제하고 깨달음의 경지에 이를 수 있게 한다고 생각하기 때문이다.

『금강경』을 대표하는 단어가 바로 '무아'다. 그런데 만일 석가모니가 중생을 구제하고 해탈에 이르게 한 공로를 자기 자신, 즉 '나'에게 돌렸다면 그것은 『금강경』의 전체 가르침에 완전히 위배된다.

이것이 바로 불교에서 말하는 '스스로 바른 생각에 이른다'라는 자성자도自性自度의 개념이다.

사람은 본래 스스로 깨달음을 얻고 평온함에 이를 수 있다. 다른 누군가의 도움이나 가르침이 필요하지 않다. 석가모니는 모든 수행은 전부 스스로 해 나가는 것이므로, 가르침을 준 자에게 공로를 돌릴 필요가 없으며, 그에게 은혜를 갚으려 하지 않아도 된다고 말한다. 물론 나를 도와주고 협력해 준 사람들에게 감사를 표현할 수는 있으나 자신의 변화에

---

[1] 如來說有我者, 即非有我, 而凡夫之人, 以為有我.

대한 책임은 오로지 자기 자신에게 있다.

몇 해 전 어머니는 악성 종양으로 인한 암 선고를 받으셨지만, 2년 동안 꾸준히 치료한 끝에 완치 판정을 받았다. 하지만 거동이 예전 같지 않은 어머니는 병마가 남기고 간 흔적에 여전히 고통받는 것이 불편하고 화가 나서 종종 내게 신경질을 내고는 했다. 그렇지만 손님이 올 때마다 내 칭찬을 아끼지 않았다.

"아들한테 감사하지. 그 많은 돈을 들여서 날 살렸으니."

그런 말을 들으면 오랫동안 어머니를 돌본 '간병인'으로서 마음 한쪽이 저릿해지며 눈가가 촉촉해진다. 그렇지만 그때마다 내가 빼놓지 않고 하는 말이 있다. "어머니 스스로 하신 거예요. 얼마나 강하신 분인데요."

백 프로 진심이 담긴 말이었다. 병원에서도 같은 증상의 수많은 환자를 치료했지만, 그중 완치 판정을 받은 사람은 어머니를 포함해 몇 되지 않는다고 했다. 모든 것의 열쇠는 바로 자신이 들고 있다.

금강경 한 구절

여등물위여래작시념: 아당도중생. 수보리! 막작시념! 하이고? 실무유중생여래도자.

汝等勿謂如來作是念: 我當度度衆生. 須菩提! 莫作是念! 何以故? 實無有衆生如來度者.

『금강경·화무소화 제25분 金剛經·化無所化分第二十五』

해석 너희를 비롯한 모든 제자는 내(여래)가 중생을 구제하였다는 생각을 하지 말지니라. 수보리여! 이러한 상념을 지워 버려라. 왜 그러한가? 깨달음을 얻는 지혜는 본래 사람이 타고난 것이니 결코 나(여래)로 인해 깨달음을 얻고 해탈에 이르는 자는 있을 수 없느니라.

마음에 와닿는 문장을 필사해 봅시다.

머릿속에 일어나는 모든 생각을
전부 신뢰하지 말지니

어머니는 뇌졸중으로 쓰러진 후 약 30년의 대부분을 통증과 함께했다. 오랜 시간 어머니를 지켜본 결과, 사람의 건강 상태가 정서에 얼마나 많은 영향을 미치는지 알게 되었다. '만병의 근원은 스트레스'라는 말도 그냥 나온 게 아니었다.

어릴 때부터 어머니는 걱정이 많은 분이었다. 심지어 아무것도 걱정할 게 없는 날이면 일부러 만들어서라도 하는 스타일이었다. 나이가 들고 아픈 곳이 많아지면서 어머니의 불안감은 더 커졌다. 본인과 상관없는 일상의 아주 작은 일들도 꼬치꼬치 캐물었고, 그걸 굳이 본인과 엮어서 걱정을 사서 하는 것이다.

한 번은 아주 사소한 일 때문에 어머니와 크게 싸운 적이 있었다. 주방에서 분주하게 식사 준비를 하고 있는데 휴대전화의 진동이 울렸다. 음식을 만드는 중이라 식사 준비가 끝난 다음에 받을 심산이었는데 어머니의 '걱정 병'이 또 도지고 말았다.

"누군데 전화를 안 받니? 혹시 네 누나 아니야? 집에 뭐 두고 가서 전화한 거 아니니? 지금 바로 가져다줘야 하는 거면 어떡하니? 그런데 우리 곧 병원에 가야 하잖아. 네 누나가 급해서 집으로 뛰어왔는데 아무도 없으면 어떡해? 아이고… 날도 흐린 게 곧 비가 쏟아질 것 같은데…."

왜 그랬는지 모르겠지만 그날만큼은 참기가 어려웠다. 그래서 나도 모르게 큰 소리를 내고 말았다.

"엄마! 제발, 좀! 그만 좀 하세요! 제가 지금 얼마나 힘든지 알아요? 지금 엄마 밥 차리고 있잖아요!"

하지만 몇 차례 그렇게 다투고 난 뒤에는 이런 식으로 맞대응하는 게 아무런 소용이 없을 뿐 아니라 오히려 내게 손해임을 알았다. 둘 다 감정은 감정대로 상하고, 결국에는 내가 고개를 숙이고 어머니께 먼저 죄송하다고 용서를 빌어야 했으니 말이다. 그렇지 않으면 어머니가 스트레스를 받아 건강이 악화해 병원에 더 자주 가야만 했고, 그러면 간병인인 내가 더 힘들어지는 거였다. 결국 이러든 저러든 피곤해지는 건 나 자신이다.

불교에 관심이 생기기 시작해 수백 권의 관련 서적을 읽으면서 깨달은 한 가지가 있었다. <u>어떤 일이 일어났을 때 가장 먼저 드는 생각을 무조건 신뢰할 필요가 없다는</u> 사실이었다. '어쩌면 내가 틀릴지도 몰라'라는 생각이 갈등을 줄이고, 다른 관점으로 상황을 해석하는 데 많은 도움이 되었다. 전화를 받지 않는다고 어머니가 그렇게 반응한 건 사실 나를 괴롭히거나 불편하게 하려는 의도는 아니었을 것이다. 그저 염려가 조금 많은 어머니의 성격 때문에 그런 것일 뿐. 그러면 나는 감정적으로 흥분할 필요 없이 사실만 말씀드리면 되는 거였다.

"모르는 번호라서 그래요. 아마 스팸 전화일 거예요. 그래서 안 받는 거니 걱정하지 마세요."

혹은 정말 누나의 전화였다면 "지금 다시 전화할게요"라고 안심시켜드리면 그만이었다. 제일 먼저 드는 생각에 반응하지 않고 한 템포 쉬어 가면 얼마든지 갈등을 막을 수 있었다.

우리의 모든 생각은 과거의 경험에 제한받는다

두뇌는 참 신기한 기관이다. 나이가 듦에 따라 노화가 진행되면 신체와 장기 기능이 퇴화하고, 심지어 뇌의 크기도 작아져 인지 기능에 영향을 주지만, 감정과 생각은 쉬지 않고 작동한다. 도리어 나이가 들수록 질투가 많아지고 쉽게 분노하며 의심한다. 그래서 많은 의사가 한 살이라도 더 젊을 때 규칙적인 식습관과 운동으로 대뇌를 끊임없이 자극하라고 권유한다. 그것이 노화의 속도를 늦추는 비결이기 때문이다.

물론 그것도 좋은 방법이지만, 나는 불교 심리학을 공부한 사람으로서 다른 각도의 훈련 방식을 추천한다. 바로 머릿속에 떠오르는 생각을 모두 신뢰하지 않는 것이다. 때때로 그것이 실제로 존재하지 않는 경우가 있기 때문이다. 불교에서 수장하는 것처럼 그 모든 것은 덧없는 망상에 지나지 않는다.

일본의 베스트셀러 작가 마스노 순묘의 책 『9할_걱정하는 일의 90%는 일어나지 않는다』처럼, 모든 걱정은 머릿속에서 나온다. 그런데 이 생각 대부분은 기존에 벌어진 일, 과거에 내가 경험한 것들을 토대로 이뤄진다. 이것이 보이지 않는 미래로 이어져 근심을 만들어내는 것이다.

머릿속에서 만들어진 생각과 견해는 과거의 경험이나 편견, 혹은 오해를 기반으로 하기 때문에 많은 제한을 받는다. 문제는 그 생각이 우리의 판단과 의사결정에 영향을 준다는 점이다. 게다가 인생은 늘 변화무쌍해서 머릿속 생각도 빠르게 변한다. 짧은 시간 안에 마음이 수십 번도 더 변하는 이유다. 이렇게 수시로 변하는 생각에는 현재의 진실한 상황이 충분히 반영되기 어렵다. 그래서 정확한 선택이나 결정을 내리는 데 방해 요소가 된다.

어머니는 제2차 세계대전의 화염이 채 가시지 않은 불안정한 시대 속에서 유년 시절을 보냈다. 외가댁에는 식구가 넘쳐났고, 그래서 늘 궁핍했다. 전통적인 남아선호 사상이 팽배했던 시절이었으므로 어머니는 차별과 억압 속에 살아야만 했다. 그래서 어머니를 비롯한 몇몇 자매들은 작은 일에도 노심초사하는 성격으로 자랄 수밖에 없었다.

어른이 된 후, 형편은 이전보다 훨씬 좋아졌고, 형제들은 각자의 짝을 만나 가정을 이루었다. 자신을 사랑하는 남편이 곁에 있고, 자식들은 장성해 각자 제 살길을 잘 찾아갔지만, 여전히 어머니의 마음속에는 두려움과 근심이 가득했다. 끊어지지 않는, 꼬리에 꼬리를 무는 걱정에 사로잡혀 살았고, 그런 그녀와 함께 사는 가족들도 무의식중에 영향을 받아 심리적으로 늘 불안하고 초조했다.

근심을 끊어내는 것이야말로 진정한 삶의 지혜이며, 이 수련을 통해 마음의 평온함을 얻을 수 있다. 모든 지혜와 통찰은 평정심과 직관에서 기인한다. 시끄러운 머릿속에서 나오는 것이 아니다. 『금강경』의 완전한 전체 명칭은 『금강반야바라밀경 金剛般若波羅蜜經』이다. 여기에서의 '반야般若'가 바로 번뇌가 사라진 궁극의 지혜를 가리킨다. '바라밀波羅密'은 태어나고 죽는 현실의 괴로움에서 번뇌와 고통이 없는 경지인 피안彼岸으로, 즉 이 섬에서 저 섬으로 건너간다는 뜻이다.

조금씩 번뇌를 지워 냄으로 해탈에 이르다

『금강경』의 명칭에 대한 해석은 번역본마다, 학파마다 다르다. 쿠차 왕국 출신의 승려 쿠마라지바는 '금강金剛'은 불교에서 말하는 궁극적인 지혜의 경지인 '반열般若'을 비유한 것으로, '세상 그 무엇보다 강력하다'라는 의미라고 주장한다. 반면 당나라 초기 고승인 현장의 견해에 따르면 인간의 번뇌가 '금강'과 같이 완강하고 굳건하여 오직 이 경전을 통해서만 진정한 지혜를 얻고 삶의 전환을 이룰 수 있다.

과연 누구의 주장이 옳을까? 아마도 석가모니는 이에 관한 논쟁이 분명히 일어날 것이란 걸 예견한 듯하다. 그는 이 경전의 제목을 삼단논법[2]으로 설명한다.

---

2 대전제와 소전제의 두 전제와 하나의 결론으로 이루어진 연역적 추리법. 미리 알려진 두 판단에서 그것들과는 다른 하나의 새로운 판단을 끌어내는 추론 방법이다. 예를 들면 '새는 동물이다. 닭은 새이다. 따라서 닭은 동물이다.'와 같은 것이다.

"반야바라밀은 곧 반야바라밀이 아니므로 이를 반야바라밀이라고 한다."[3]

풀이하면 '단지 제자들과 대중이 이 경전을 잘 읽고 실천할 수 있도록 제목을 '반야바라밀'로 지은 것일 뿐, '깨달음과 지혜는 각자 스스로 얻는다'라는 것이다. 한마디로 제목은 그저 제목일 뿐이다. 그러니 이름이나 제목에 집착하지 말고 이로써 만물의 본성이 본래 비어 있음을 깨닫기를 권면한다.

인공지능이 빠르게 발달하면서 사람들은 인간의 일부 두뇌 기능이 AI로 대체되는 것은 아닌지 걱정하기 시작했다. 심지어 일자리를 빼앗지는 않을까 염려한다. 내가 보기에 로봇의 가장 큰 장점은 방대한 자료를 처리하고 저장해 논리적으로 분석하는 것이 아니라, 감정에 동요하지 않고 판단하고 결정을 내린다는 점이다. 감정이 없기 때문에 번뇌가 없고 그러니 '반열'의 지혜가 필요 없으므로 해탈이 필요 없다.

하지만 그것이 진정한 장점일까? 어쩌면 그 장점이 단점이 될 수도 있다. 감정 없이 내린 결정은 때로 지나칠 만큼 냉정하고 인간의 감정적, 정서적인 문제는 해결할 수 없다. <u>인류의 번뇌를 해결하려면 결국에는 번뇌를 이해하는 인간이 나서야 한다.</u> 끝없는 훈련과 수행을 통해 해탈의 경지에 이르는 것은 아마 제아무리 잘난 AI라도 도움을 주지 못할 것이다.

---

[3] 佛說般若波羅蜜, 即非般若波羅蜜, 是名般若波羅蜜.

금강경 한 구절

불설반야바라밀, 즉비반야바라밀, 시명반야바라밀.
佛說般若波羅蜜, 卽非般若波羅蜜, 是名般若波羅蜜.

『금강경·여법수지 제13분 金剛經·如法受持分第十三』

해석 내(석가모니)가 말하는 '반야바라밀'이 곧 '반야바라밀'이 아니니 그 글자에 집착할 필요가 없느니라. 그저 그 뜻은 인연에 따라 중생에게 해설하면 될지니라. 경전의 이름을 『금강반야바라밀경』이라 지은 것은 그저 제자들이 잘 받들어 실천하게 하기 위함이라.

마음에 와닿는 문장을 필사해 봅시다.

내가 허용하지 않는 한,
나를 능욕할 수 있는 사람은 없다

중학교 시절 타이베이 지역에 있는 학교로 전학을 갔다. 중부 지역에서만 살다가 처음 북쪽 지역으로 옮겨간 터라 환경도 익숙하지 않고 학업에 집중하지 못해 성적도 그저 그랬다. 그래서였는지 선생님들은 대놓고 나를 무시하고 면박을 주었다. 아직도 기억나는 몇몇 장면이 있는데, 그중에서도 가장 기억에 남는 건 전교생 조회 시간에 벌어진 일이었다.

교장 선생님의 훈화 말씀이 끝나자, 학생들의 생활 지도를 맡은 학생주임이 나를 강단 위로 불러내 잔뜩 화난 목소리로 훈계하며 전교생이 보는 앞에서 뺨을 후려쳤다. 이유인즉슨 내가 교장 선생님이 말씀하시는데 반항 어린 표정을 지으며 불량한 자세로 서 있었다는 것이었다.

그날은 정말 더위가 맹위를 떨친 한여름이었다. 뙤약볕 아래에서 오랫동안 훈화 말씀을 듣다 보니 온몸에 땀이 줄줄 흘렀다. 특히 이마에서

땀이 비 오듯 쏟아졌는데 땀방울이 눈썹을 타고 내려와 왼쪽 눈으로 들어가고 말았다. 너무 따갑고 아팠지만 그렇다고 눈을 비비거나 서 있는 자세를 흐트러트릴 수 없어 한쪽 눈을 감고 찌푸리고 있었다. 그게 잔뜩 반항하는 얼굴로 보인 모양이었다.

학주의 훈계는 거기서 끝이 아니었다. 점심시간에 전교 방송으로 나를 호명해 학생과로 불러 엎드려뻗쳐를 시키고 무자비하게 회초리를 휘둘렀다. 너무 아파 눈물이 나려는 걸 어떻게든 참아보려 문 쪽으로 고개를 돌렸더니 거기에 막 실습을 나온 교생 선생님이 서 있었다. 나에게 뭔가 위로를 전하고 싶은 표정이었지만, 교생의 신분으로 혹시나 자기가 선불리 행동했다가 평판이 나빠질까 봐 걱정되었는지 이러지도 저러지도 못하는 것 같았다. 그는 그저 문 앞에 서서 멍하니 나를 쳐다보기만 했다. 나는 체벌이 끝난 뒤 화끈거려서 거의 폭발 직전인 엉덩이를 문지르며 엉기적엉기적 교실로 돌아갔다.

수업이 끝나고 집에 돌아가는 길에 교생 선생님을 다시 만났다. 그는 내게 괜찮냐고 물었고, 나는 무덤덤하게 그날 있었던 상황을 사실대로 이야기했다. "학주가 죽도록 밉겠구나…."라고 말하는 그에게 나는 이렇게 대답했다.

"뭐, 학주도 기분이 썩 좋진 않겠죠."

그리고 우리는 아무 말 없이 운동장을 가로질러 걸었다. 길었던 한낮의 해가 뉘엿뉘엿 저물어 가던 그 여름날, 맹렬했던 더위와 습한 공기가 한풀 꺾인 그 시간, 함께 걷는 두 그림자가 키보다 훨씬 길게 운동장 흙바닥에 늘어져 우리와 묵묵히 같이 걸어 주었다. 왜인지 몰라도 그날의 그 장면이 아직 내 기억에 생생하게 남아 있다.

상담 일을 시작하고 작은 규모의 상담소를 운영하며 많은 내담자를 만났다. 그들은 특히 살면서 가장 수치스러웠던 경험을 떠올릴 때 많이 괴로워했다. 그런데 그들의 마음속에는 불필요한 생각이 자리하고 있었다. '내가 못나서, 그래서 그 사람이 나에게 그랬던 거 아닐까요?'라는 생각이었다. 그러한 자책이 수치와 모욕의 고통을 가중했다. 이런 생각을 버리지 못하고 계속 지닌 경우, 자신이 한심하고 못난 존재라고 여겨 그 모습을 감추려는 경향이 있다. 그렇게 가면을 쓴 채로 살면 진실한 인간관계를 맺기 어렵다.

이 문제를 해결하는 유일한 방법은 <u>가면 뒤에 숨겨진 수치와 모욕을 직면하는 것이다.</u>

이럴 때 심리상담사가 하는 일은 그 잘못된 '자기만의 느낌'에서 빠져나와 본인을 사랑하고 돌보도록 도와주는 것이다. 이것은 모두 근거 없는 자책을 멈추기 위한 노력이다. 나아가 수치와 모욕감에서 기인한 분노와 회피, 자기 공격을 잠재우는 노력이다. 나 자신을 지지하고 응원할 힘을 되찾아야만 진정한 회복을 경험하고 편해질 수 있다.

남을 쉽게 모욕하는 사람은 자존감이 낮다

그 후로 나는 중학교 시절보다 훨씬 더한 좌절과 아픔을 셀 수 없이 많이 경험했다. 돌이켜 보니 그날 강단으로 불려 나가 전교생 앞에서 망신

당했던 열네 살의 나는 큰 잘못이 없었다. 순진했고 또 무구했던 그 시절의 나는 '학주가 그날 기분이 안 좋았을 거야!'라며 그를 용서했다. 사실 다르게 생각하면 학주의 입장도 이해가 됐다. 그 더운 여름날, 교장 선생님이 연설하는 동안 학생들이 질서를 잘 지키도록 감시할 '사명'이 본인에게 있는데 감히 1학년이, 그것도 이제 막 전학 온 학생이 불손한 태도로 삐딱하게 있었으니 화가 났을 수도 있었을 것이다.

그가 그토록 분노했던 건, 그리고 그것이 자신의 권위를 위협하는 행위라고 느꼈던 건 아마도 그의 유년 시절과 깊이 얽혀 있을 것이다. 물론 그건 그가 해결해야 할 과제고, 내가 할 수 있는 일은 그 사건으로 인해 어른이 되어서도 쉽게 상처받는 사람이 되지 않는 것, 그리고 인간관계 속에서 '실상'을 제대로 보는 노력을 하는 것이었다.

모든 사람은 타인보다 자신을 중요하게 생각한다. 누군가 본인의 권익을 침범하는 걸 좀처럼 용납하지 못한다. 그러니 누군가와 갈등이나 충돌이 일어나면 상대와 나, 우리는 모두 존중받아야 할 대상임을 명심해야 한다. 그렇지 않으면 무고한 누군가가 일방적으로 양보하던가, 아니면 일방적으로 상처받을 수밖에 없다.

<u>심리학의 관점에서 본다면 충돌과 갈등이 생겼을 때 평정을 유지하는 방법은 자기 입장을 상대에게 당당히 알려 주는 것이다.</u>

"내가 보기엔 지금 네가 너무 흥분한 것 같아. 하시만 그 화를 나에게 쏟아 내서는 안 돼. 나도 내 생각이 있어. 내가 널 존중하는 것처럼 너도 날 존중해 주었으면 해."

"네가 지금 많이 화났다는 거 알아. 하지만 실제로는 네가 오해하고 있는 것도 많아. 우리 다음에 다시 만나서 대화하자."

물론 현실에서는 권력이나 경제적인 조건 등이 서로 대등하지 않아 상대적으로 '약한 쪽'이 자신의 생각을 정확하게 전달하지 못하고, 상대방이 휘두르는 폭력적인 언어와 행동에 무참히 공격당하기도 한다.

아무리 그렇더라도 능욕의 현장에 가만히 머물러 있어서는 안 된다. 자신을 위해서라도 자리를 박차고 일어나야 한다. 그리고 기억해야 한다. <u>내가 허락하지 않는 한, 세상에 나를 함부로 모욕할 수 있는 사람은 없다. 상대가 무슨 말을 하든, 무슨 생각을 하든 그건 나와는 상관없다. 그걸 내가 가만히 참고 있을 이유는 없다.</u>

불교의 관점에서 보면 대립과 충돌을 없애는 방법은 나 자신에게서 '빠져나오는' 것이다. 갈등이 일어나는 이유는 결국 서로 다른 견해를 지닌 두 사람이 있기 때문이다. 그러나 만일 내가 존재하지 않는 대상이 되어 버리면 애초에 갈등이나 충돌이 일어날 계기가 없다. 표면적으로는 모욕을 견디고 있는 것처럼 보이지만, 사실 모욕을 통해 나에게서 해탈하는 열반의 경지에 이르는 것과 같다.

참을 때 비로소 강해지는 놀라운 이치

모욕과 수치를 견뎌내는 것은 불교에서 매우 중요한 수행 방식 중 하나다. 하지만 사람들은 일단 '인내'라는 글자만 봐도 억울함이 머리끝까지 차오른다.

사실 불교에서 말하는 '인내'에는 여러 의미가 담겨 있다. 물질적인 것, 정신적인 것, 나아가 나를 비워내는 것 등을 모두 포함한다. '인내'의 목적은 타인의 감정을 수용하고, 이로써 나의 심신을 안정시켜 서로 간의 번뇌와 걱정을 없애는 것이다. 모든 일에 먼저 '인내'하는 사람은 강인해질 수밖에 없다. 부드러움과 강인함, 두 가지를 모두 겸비한 사람이 되는 것이다.

석가모니는 『금강경』에서 자신이 전세前世에 극악무도했던 군주 가리왕歌利王에게 사지를 절단당했다고 언급한다. 그럼에도 그에게 원한을 품지 않았던 이유는 불교에서 말하는 '사상四相[4]'에 집착하지 않았기 때문이다. '나'와 '너'를 구분하지 않을 때, 비로소 삶의 모든 아픔과 분노, 공포가 사라진다.

나 자신에게 집착하지 않으면 수치와 모욕에 반응하지 않는다. 모든 상처는 나를 내려놓는 순간 완전하게 치유된다. 살면서 결코 실현하기 어려운 진리처럼 보일지라도 논리적으로 생각해 보면 이해가 된다. 상처는 모욕감이나 수치심, 모멸감에서 비롯하는 것이 많다. 그런데 그 수치심이 상대가 나를 존중해 주지 않았다는 느낌에서 오는 것이라면 나와 상대방에 대한 의미를 크게 두지 않아야 한다. 심지어 너와 나, 타인의 존재 혹은 그 사이의 차이에 집착하지 않으면 모욕감과 수치심은 발생하지 않으므로 아무런 상처를 남기지 않는다.

---

[4] 불교에서는 네 가지 상에 집착하지 않아야만 진정한 해탈에 이를 수 있다고 본다.
　① 아상(我相): '나'라는 실체가 있다고 생각하여 자신에게 집착하는 것.
　② 인상(人相): 자신이 사람이므로 다른 어떤 동물보다 우월하다고 여겨 축생이나 미물을 천하게 여기는 것.
　③ 중생상(衆生想): 자신과 부처를 구분하여 나 따위의 중생이 무엇을 할 수 있느냐는 생각에 스스로 타락해 향상이 없는 상태, 남보다 내가 부족하다고 여기는 열등감 등이 포함된다.
　④ 수자상(壽者相): 오래 살고 싶어 하는 생각이나 태어날 때 일정한 목숨을 가지고 있다는 생각.

금강경 한 구절

여아석위가리왕할절신체, 아어이시, 무아상, 무인상, 무중생상, 무수자상. 하이고? 아어왕석절절지해시, 약유아상, 인상, 중생상, 수자상, 응생진한.

如我昔爲歌利王割截身體, 我於爾時, 無我相, 無人相, 無眾生相, 無壽者相. 何以故? 我於往昔節節支解時, 若有我相, 人相, 眾生相, 壽者相, 應生瞋恨.

『금강경·이상적멸 제14분 金剛經·離相寂滅分第十四』

해석 내가 전세에 가리왕에게 몸을 베이고 찢길 적에 나는 나라는 생각, 사람이라는 생각, 중생이라는 생각, 오래 산다는 생각에 집착하지 않았다. 만일 그렇지 않았다면 그 네 가지에 생각과 마음이 얽매여 그에게 원한을 품고 분노하는 마음이 생겼을 것이다.

마음에 와닿는 문장을 필사해 봅시다.

항상 내가 맞다고 느낀다면
꼭 생각해 봐야 할 것

경영 고문직을 맡았을 때 한 동료가 특별히 내게 레오라는 사람에 관해 귀띔해 주었다.

레오는 좀처럼 지는 걸 싫어하는 사람이었다. 누군가와 의견이 어긋나면 큰소리를 치며 자기주장만 해대는 통에 그를 미워하는 사람이 많았다. 그래서 실제로는 그의 생각에 동의하진 않지만, 사람들은 다툼이 생기고 말싸움하느라 시간을 낭비하는 게 싫어 대충 넘어가거나 그의 의견에 고개를 끄덕여 주고는 했다. 그런데 그게 오히려 독이 되어 그를 기세등등하게 만들었고 잘못된 자신감을 심어 주었다. 겉으로는 적이 없어 회사 안에서 승승장구하는 것 같았지만, 실제로는 곳곳에 폭탄을 심어 둔 것과 같았다.

한번은 마케팅 기획안 회의를 하는데 그가 잘못된 시장 조사 자료를 가져와서 마치 새로운 소비 포인트를 발견한 것처럼 신나서 얘기했다. 자

첫 잘못했다가는 회사가 엉뚱한 신제품을 개발하게 될 위기에 놓였다.

얼마 전 새로 들어온 영업팀장 가희는 아직 레오가 어떤 사람인지 잘 몰랐다. 그래서 잠시 회의를 멈추고 그의 의견을 수정해 하마터면 터져 버릴 수 있었던 회사의 '재앙'을 막았다. 레오는 가희가 일부러 자신을 낙오시키기 위해 그런 것이라 생각했다.

회의가 끝나고 가희는 사람들에게 데이터가 잘못된 걸 뻔히 알면서 왜 다들 가만히 보고만 있었느냐고 물었다. 사람들은 그제야 솔직히 털어놓으며 평소 레오에게 쌓였던 불만을 얘기했다. 가희는 나를 찾아와 레오가 잘 알아듣도록 조언해 줄 것을 얘기했고, 레오는 다행히도 몇 번의 대화 끝에 본인의 잘못을 알게 되어 그 후로는 같은 실수를 저지르지 않았다.

<u>'내가 옳다'라는 확신은 보통 다른 사람이 양보한 만큼 느끼게 된다.</u> 서른을 넘긴 뒤 나는 심리학과 관련한 불교학 수업 과정을 들었다. 당시 선생님이 해 주었던 말이 뇌리에 깊이 박혔다.

"사람이 하는 가장 큰 실수는 언제나 본인이 옳다고 믿는 것입니다."

그 후로 나의 좌우명은 '내가 틀릴 수도 있다'로 바뀌었다. 그래서 파란 눈의 승려 비욘 나티코 린데블라드의 『내가 틀릴 수도 있습니다』가 출간되었을 때는 그 제목이 매우 반갑기도 하고 익숙하기도 했다. <u>불교에서는 모든 현상은 인연을 따라 생겨나는 것으로, 영원히 고정적으로 존재하는 것은 없다고 강조한다.</u> 그러므로 어떤 상황에서든 자기 생각만 무조건 옳다고 주장하는 것은 크나큰 실수이자 잘못이라고 말한다.

세상에 변하지 않는 것은 없다

『금강경』에서는 세상 모든 것은 스스로 존재하지 않는다는 '무자성無自性'과 모든 일은 인연에 따라 생겨난다는 '인연화합因緣和合'의 개념을 여러 차례 강조한다.

"여래가 말한 세계는 세계가 아니라 그 이름이 세계이니라."[5]

쉽게 풀이하면 소위 이 '세계'라는 것은 모두 인연에 따라 때에 맞게 만들어져 나온 현상으로, 독립적이거나 고정적으로 존재할 수 없으며, 영원히 불변하는 실체도 아니라는 것이다. 그래서 석가모니는 우리가 사는 세상은 근본적으로는 존재하지 않는 '공空'의 것이며 독립적으로 존재할 수 없는 것이라고 말한다.

물을 떠올리면 쉽게 이해할 수 있다. 물의 형태는 언제나 변한다. 빗방울이 땅에 떨어지면 강이나 바다로 흘러 들어가고, 그것이 증발하면 공기 중에 수증기의 형태로 있다가 구름을 만들고 다시 비가 되어 땅에 떨어진다. 이 모든 과정이 바로 '무자성'이며, 모든 것이 인연을 따라 만들어졌다가 사라지는 '인연화합'이다.

인도의 구루[6]이자 철학자 오쇼 라즈니쉬 역시 세상과 물의 변화에

---

5 如來說世界, 非世界, 是名世界.
6 산스크리트어로 특정 지식이나 분야의 '멘토, 가이드, 전문가, 또는 명인'을 일컫는 용어.

관해 이야기를 나눌 때 "물은 고정적인 형태가 없을 뿐 아니라 불어나지도, 줄어들지도 않는다."라고 말한 바 있다.

한쪽 입장에만 서서 어떠한 일에 관한 시비를 가리려고만 하면 전체적인 면모를 볼 수 없다. 보통 우리는 어떤 사물이나 사건을 쉽게 지칭하거나 떠올리기 위해 이름을 붙이거나 기준을 세우기도 한다. 그러나 그것은 임시로 존재하는 것일 뿐, 영원토록 변함없이 존재할 수는 없다.

이 밖에도 『금강경』에는 위에서 언급한 "여래가 말한 세계는 세계가 아니라 그 이름이 세계이니라."처럼 삼단 논법의 변증법을 활용한 대화법이 많이 등장한다.

> "여래가 말씀하시는 서른두 개의 모습은 곧 눈으로 보이는 모습이 아니라 그 이름이 삼십이상입니다."[7]
> "'훌륭한 깨달음의 실체'는 내가 말한 '훌륭한 깨달음의 실체'가 아니라 그 이름이 '훌륭한 깨달음의 실체'일 따름입니다."[8]
> "부처께서 말씀하신 먼지들은 곧 먼지들이 아니요, 그 이름이 먼지들일 따름입니다."[9]

이렇듯 석가모니가 '정·반·합正反合'의 논리에 근거해 하나의 주장正을 펼친 뒤, 그에 모순되는 다른 주장인 반反을 얘기하고, 마지막으로 더 높

7　如來說三十二相, 即是非相, 是名三十二相.

8　所言善法者, 如來說非善法, 是名善法.

9　佛說微塵眾, 即非微塵眾, 是名微塵眾.

은 종합적인 주장인 합습의 통합에 이르는 과정을 반복적으로 사용하는 이유는 모든 물질과 현상은 결국 '공'이라는 걸 깨닫게 하기 위함이다. 내 안의 집착과 집념을 내려놓아야만 번민에서 벗어날 수 있다는 걸 알려 주는 것이다.

특정한 관점에만 갇혀서 사람과 사물을 섣불리 판단하지 않도록 해야 한다. 결국 모든 만물은 인연에 따라 변하는 특징이 있기 마련이라는 걸 마음에 새겨야 한다. 이것은 사실 자신에 대한 자비와 타인에 대한 관용을 베푸는 것과도 같다.

이러한 생각으로 사람을 대하면 무엇이 맞고 틀린지 논쟁하는 게 별로 중요하지 않은 것처럼 느껴진다. 그러니 사람들과 척지고 살아갈 일도 없다.

기억하라. 모든 일의 맞고 틀림, 옳고 그름은 잠시 잠깐만 유지되는 것이다. 상황은 언제나 변하고, 옳다고 믿었던 현상도 바뀐다. 그러므로 특정한 관점에만 제한되지 않는다면 시비를 가리려는 집착에서 해방될 수 있다.

조금 더 열린 마음으로 나에게 벌어진 모든 일을 대하면 다양한 시각으로 사물을 바라보고 이해할 수 있다. 그러다 보면 그동안 내가 악인이라고 느꼈던 사람이나 나쁜 일이라고 여겼던 사건에 오히려 감사하게 된다. 그 사건, 혹은 그 사람으로 인해 내가 단련되어 한 뼘 더 단단해졌기 때문이다. 하물며 나쁜 일도 그렇게 바라보게 되거늘, 진심으로 나를 도와주고 아껴 준 사람들에게는 어떠하겠는가.

상대방의 헌신에 감사할 줄 알아야
옳은 선택을 할 수 있다

가정마다 부부 사이, 혹은 부모와 자식 간에 의견 차이가 있을 수 있다. 가령 부부가 가구를 고를 때 서로 중시하는 바가 다를 수 있다. 남편은 앉았을 때 편안한 소파를 원하는데, 아내는 예쁜 소파를 사고 싶어 할 수 있다. 이럴 때 남편이 아내와 다투지 않으려고 그녀의 의사를 온전히 존중해 주면 부부 사이는 편안하다. 화목할 수 있는 이유는 남편이 아내를 배려하고 본인이 하고 싶은 것을 양보했기 때문이다.

이런 상황은 특히나 행복한 가정에서 자주 볼 수 있다. 그들은 가족 간의 화목함을 논쟁보다, 일의 시비를 가리는 것보다 훨씬 중요하게 생각한다. 내가 어떤 결정을 내리고 그것이 최고였다는 생각에 만족스러울 때, 사실은 그것이 다른 가족들의 희생과 양보 덕분이라는 걸 인식한다면 고마운 마음을 표현하게 된다. 그러면 자기 의사를 포기하고 양보한 다른 가족들도 억울함이 아닌 고마움을 느끼고, 그렇게 서로를 아끼고 감사하는 마음을 갖게 된다. 그렇게 화목함은 이어지는 것이다.

가정에서뿐 아니라 사회에서도 자기만의 고집을 주장하지 않고 누가 옳은지 시비를 따지는 데 연연하지 않으면 그것이 바로 '무아'의 훈련이자 수행이다. 통계적으로 타인과 대화를 나누거나 토론했을 때 내가 한 말이 시간이 지난 뒤 틀린 경우가 많았다면, 나 자신을 점검해 봐야 할 뿐 아니라 상대방에게도 깊이 감사해야 한다.

금강경 한 구절

여래소설삼천대천세계, 즉비세계, 시명세계.
如來所說三千大千世界, 則非世界, 是名世界.

『금강경·일합이상 제30분 金剛經·一合理相分第三十』

해석 여래가 말하는 온 우주라는 뜻의 '삼천대천세계'라는 것은 한때의 인연으로 생겨난 현상이지 진실로 영원히 존재하는 상태가 아니다. 이것은 단지 잠시 잠깐 하나의 명사를 빌려 그저 '세계'라 이름하는 것뿐이니라.

마음에 와닿는 문장을 필사해 봅시다.

- 고대 인도인의 세계관에 따른 전 우주. 세계를 천 개 모은 것이 소(小)천 세계이고, 소천 세계가 천 개 모인 것이 중(中)천 세계이며, 중천 세계가 천 개 모인 것이 대(大)천 세계다.

당신이 의존하는 것이
당신의 발목을 잡는다

방송국에서 프로그램 사회를 보던 시절, 업무가 끝나고 집에 갈 무렵이면 어김없이 퇴근 시간 러시아워가 시작되어 도로가 꽉 막혔다. 차량 통행 제한으로 때마침 고속도로 이용도 어려워 먼 길로 돌아가야만 했다. 몇 년 동안 나는 이러한 퇴근길에 익숙해져서 주차장에서 나오면 바로 핸들을 오른쪽으로 돌려 도로를 한 바퀴 뺑 돌아 한참을 간 뒤 고가도로를 타고 집으로 가곤 했다. 그런데 이 습관이 조건반사처럼 몸에 배어 나중에 내 삶을 불편하게 만들 줄은 꿈에도 몰랐다.

가끔 다른 사회자를 대신해서 프로그램 사회를 봐 줄 때가 있었다. 해당 프로그램 녹화 시간은 오전이어서 끝나고 나면 도로는 한산했다. 회사에서 나와 바로 고속도로를 타면 원래 퇴근 시간보다 20분 정도 빨리 집에 도착할 수 있었다. 그런데 매번 오전에 일을 마치고 주차장에서 차를 몰고 나오면 나는 습관처럼 오른쪽 깜빡이를 켜고 핸들을 꺾었다. 그렇게 우회전 차선에 들어선 뒤에야 또 바보처럼 길을 잘못 들었다는 생각을 했지만, 이미 늦은 후였다.

　우리가 평소에 습관처럼 의존하는 것, 사람이든, 사물이든, 이성적 논리든 일단 어느 하나에 고정이 되어 끊기 힘든 관계가 되어 버리면, 심지어 그것 아니면 안 되는 상태가 되어 버리면 도리어 그것이 나의 발목을 잡아 내 시야를 가리고 삶의 융통성을 앗아 간다.
　언뜻 보면 중독과 비슷한 것처럼 보이지만, 알코올이나 마약 중독에 빗대어 설명하기엔 적합하지 않다. 이 두 가지 중독은 화학 물질에 의한 작용으로 심신의 건강을 크게 해치지만, 조심하면 미리 경계하거나 예방할 수 있다. 하지만 <u>우리 인생에는 분명히 아름답고 편안해 보이는 것일지라도 의존할수록 오히려 삶을 망치는 것들이 존재한다</u>. 가령 누군가를 향한 사랑의 감정이 깊어지면 그 사람을 향한 의존과 집착이 생기고, 이별의 순간이 다가와도 놓아 주지 못해 인생을 가로막는 걸림돌이 되기도 한다.
　주변 지인들이나 뉴스에 나오는 사연들을 통해 서로 너무나 사랑했던 연인이나 배우자, 혹은 부모 자식 중 한 명이 세상을 떠나면 남은 사람은 그 아픔을 견디지 못해 심신에 큰 변화가 일어나는 것을 종종 보았다. 심한 경우 삶을 지속하기 힘들어 스스로 생을 마감하거나 큰 병을 얻고 정신적으로 피폐해져 정상적인 삶이 불가킨 이도 있었다.

제2장

무아의 경지에 이르는 삶, 무아도생

눈에 보이는 것에만 머무르지 않는 삶

친밀한 감정, 사랑의 대상에 대한 '의존'이 너무 깊어져 인생의 '장애물'로 변질되면 어떤 문제가 나타날까? 먼저 해당 관계에 과도하게 집착해 그 어떠한 변화도 받아들일 수 없게 된다. 자신을 완전히 그 관계 속에 제한하고 묶어 두는 것이다. 그러나 우리는 관계에 대한 집착을 버려야만 과거로부터, 묶인 것으로부터 언제든 해방될 수 있다.

"마땅히 머무는 바 없이 마음을 내어 주도록 하라."[10]

이것은 『금강경』에 등장하는 유명한 문장 중 하나로 사람들이 평소에도 종종 사용한다. 쉽게 풀이하면 그 어떤 사람이나 사물에도 집착하지 않아야 하며, 생각이나 느낌, 감정, 바람이나 소원 등에 마음이 묶여서는 안 된다는 뜻이다. 그것으로부터 해탈해야만 자비심과 지혜를 겸비한 사람이 될 수 있다는 말이다.

'머무는 바'를 뜻하는 '살 住'자는 『금강경』에서 총 스물한 번 등장하며, 그 용법과 의미가 서로 다르다. 크게 두 가지로 나눌 수 있는데, 하나는 '의존'의 뜻을 지닌다. 다른 말로 '유지' 혹은 '보존'으로 해석하기도 한다. 앞에서 언급했던 '마땅히 어떻게 그 마음을 지키고 어떻게 그 마음을 항복받으오리까 云應何住? 云何降伏其心?'라는 구절에서도 '유지'와 '보존'의 의미로 사용됐다. 제자 수보리가 석가모니에게 깨달음을 얻은 뒤에는

---

10 應無所住, 而生其心.

어떻게 마음을 유지하고 보존해야 하느냐고 묻는 것이다.

또 다른 의미는 '집착'으로 해석한다. 위의 '마땅히 머무는 바 없이'에서도 집착의 의미로 사용되었다. 또 다른 구절도 있다.

"마땅히 모든 관념과 형상을 떠나 번뇌를 소멸시키는 가장 바르고 평등한 깨달음에 마음을 내어야 한다. 색깔에 의지해 마음을 내지 말아야 하며 소리나 향, 맛이나 감촉, 생각 등에 의지해 마음을 내지 말아야 한다. 집착하는 바 없이 그 마음을 내어야 한다."[11]

비록 하나의 글자를 두 가지 의미로 해석하기는 하나, 결국 그것을 합치면 의미는 하나로 통한다. 우리가 평소에 마음을 쏟아 지키려고 하는 것에 집착해서는 안 된다. 편견이나 아집, 고집을 내려놓아야 한다. 눈에 보이는 현상이나 모양, 상태에 국한되지 않고 열린 마음으로 대해야 한다. 그래야만 모든 속박에서 벗어나 비로소 영혼의 자유를 얻을 수 있다.

---

11 菩薩應離一切相, 發阿耨多羅三藐三菩提心, 不應住色生心, 不應住聲, 香, 味, 觸, 法生心, 應生無所住心.

금강경 한 구절

제보살마하살, 응여시생청정심, 불응주색생심, 불응주성, 향, 미, 촉, 법생심, 응무소주, 이생기심.

諸菩薩摩訶薩, 應如是生淸淨心, 不應住色生心, 不應住聲, 香, 味, 觸, 法生心, 應無所住, 而生其心.

『금강경·장엄정토 제10분 金剛經·莊嚴淨土分第十』

해석 무릇 보살과 마하살'은 이처럼 맑고 깨끗한 마음을 내어야 할지니 눈에 보이는 색깔이나 소리, 향과 맛, 감촉이나 법에 집착해서는 안 되며, 이로 인해 그 어떤 집념도 생겨서는 안 된다. 그 어디에도 집착해서는 안 되며, 마음을 더럽히는 생각을 버려야만 할 것이다.

마음에 와닿는 문장을 필사해 봅시다.

- 흔들리지 않는 마음으로 법을 수행하여 공(空)에 머물러 열반에 드는 사람 중에서도 으뜸을 가리키는 보살.

미워하는 대상을
축복하라

불교에서 강조하는 것 중 하나가 바로 '자비심'이다. 진정한 자비는 친분이나 나이, 성별이나 종족, 문화나 세대 차이를 따지지 않는다. 누구에게나 차별 없이 공평하고 대등하게 베풀어진다. 이를 통해 고통과 번민에서 해탈하여 진정한 깨달음의 경지인 열반에 이를 수 있다.

『금강경』에는 차별 없는 자비심에 관한 구절이 종종 등장한다.

"만일 보살이 나라는 생각, 사람이라는 생각, 중생이라는 생각, 오래 산다는 생각에 갇혀 있으면 진정한 보살이 아니니라."[12]

---

12 若菩薩有我相, 人相, 眾生相, 壽者相, 即非菩薩, 『大乘正宗分第三』.

"일체의 모든 관념을 버리면 곧 그를 부처라 하리라."[13]

"자아도 없고, 개인도 없고, 중생도 없고, 영혼도 없는 상태의 선법을 모두 닦아야만 비로소 더없이 바르고 평등한 깨달음을 얻을 수 있다."[14]

이는 하나같이 누구나 평등하게 사랑해야 한다는 것을 뜻한다. 경전에 많이 등장하는 '자아'와 '개인', '중생'과 '오래 살고 싶은 생각'을 일컬어 '네 가지 상'이라고 하는데, 이에 관한 학자들의 견해가 조금씩 다르다. 여기서는 비교적 널리 사용되는 해설법을 여러분과 나누고자 한다.

'상相'이란 눈으로 보이는 형상이나 상태를 일컫는다. 그러나 모든 외부 형상이나 상태는 우리의 감각기관이나 체험을 기반으로 대뇌의 상상을 통해 인식한 것이다.

먼저 '나'라는 상我相은 사람의 육체와 감각, 상상이나 마음의 작용, 의식으로 이뤄진다. 이 다섯 가지 요소를 불교에서는 '오온五蘊'이라고 한다. 이 다섯 가지 요소로 만들어진 개인의 형태를 '개인의 상人相'이라고 한다. '나'라는 개인의 상이 존재하는 것처럼 타인의 상도 존재하는데 이것을 '중생의 상衆生相'이라 일컫는다. 이러한 개인과 중생에 시간의 개념이 더해져 '오래 살고자 하는 상壽者相'이 만들어진다.

본문에 특히 자주 등장하는 '무아상, 무인상, 무중생상, 무수자상無我相, 無人相, 無眾生相, 無壽者相'이 바로 모든 것을 차별 없이, 공평하게 대해야

---

13 離一切諸相, 則名諸佛. 『離相寂滅分第十四』.

14 以無我相, 無人相, 無眾生相, 無壽者相, 修一切善法, 即得阿耨多羅三藐三菩提. 『淨心行善分第二十三』.

한다는 자비심을 말한다. 진정한 해탈에 이르고자 한다면 부처를 본받아 자비심을 베풀어야 한다. 가장 먼저 내가 싫어하는 그 사람, 혹은 나를 미워하는 그 사람부터 축복하는 연습을 해 보자. 그에 대한 두려움과 원망을 내려놓고, 공감하고 이해하며, 나아가 감사하는 마음을 가져 보자.

대학교를 졸업하고 처음 들어간 회사는 외국계 IT 기업이었다. 마케팅 부서로 들어갔는데, 신제품 출시를 앞두고 한동안 지사의 영업 담당자를 지원하는 일을 하게 되었다. 그는 실적이 특별히 좋은 사람은 아니었다. 평판도 썩 좋지는 않았다. 그와 같이 일을 했던 동료들은 맞추기 어려운 사람이라며 뒤에서 흉을 보았다. 그중에 특별히 마음 착한 선배들은 나를 걱정하는 마음에 이런 조언을 해 주기도 했다. "다 맞춰 주려고 하면 안 돼, 절대!"

경계 태세를 갖추고 그와 몇 번 합을 맞추고 나니 사람들이 왜 그렇게 얘기하는지 알 것 같았다.

일단 그는 욱하는 성질로 언제 화를 낼지 짐작이 잘 안 되는 사람이었다. 같이 일하는 파트너의 수고는 무시하기 일쑤였다. 남의 공로를 빼앗는 데는 선수여서 자기는 손가락 하나 까딱하지 않고 파트너를 시켜 자료를 모았다. 그런 그의 태도에 불만을 터트리면 자기변호에도 아주 능해 상대를 가스라이팅 해서 무너뜨리고 죄책감을 심어 주었다. 아무리 시간이 지나도 그와의 관계는 개선되지 않았다. 그러던 어느 날 그가 뒤에서 내 험담을 하는 걸 알게 되었고, 참지 못한 나는 사직서를 제출하기로 마음먹었다. 그런 나의 생각을 눈치챈 선배가 다가와 말했다.

"저 사람이 저따위 수준이라는 걸 알았으면 됐어. 저런 사람 하나 때문에 지금 네가 좋아하는 일을 그만둘 필요는 없지. 게다가 단기 프로젝트 지원이라 잠시만 참으면 금방 끝날 거야. 이 회사에서 너의 앞날은 창창하다고!"

그날 나는 선배에게 참 많은 위로를 받았다. 그 후 다시 생각했다.

'어차피 단기간 지원팀으로 온 건데 어떻게 하면 피차 힘들지 않게 지낼 수 있을까? 어떻게 하면 조기에 프로젝트를 끝낼 수 있을까?'

그렇게 거꾸로 생각하니 의외로 답은 쉽게 나왔다. 나는 그의 성공을 성심성의껏 도와주기로 했다. 그러면 그도 나의 선의를 알아 줄 것이라는 생각이 들었다. 게다가 내 노력과 자원을 활용해 그가 실적을 올린다면 그 역시 기분이 좋아져서 사람을 대하는 방식을 바꿀 수도 있다는 희망이 생겼다.

6개월이 지나 그의 실적은 수직으로 상승했다. 덕분에 진급도 해서 해외 아시아 지역 세일즈 담당자로 파견되었다. 마침내 그가 나에게서 멀어졌다. 환송회 자리에서 그는 나를 힘껏 끌어안아 주었고 진심으로 고맙다는 인사를 건넸다.

'암세포'를 위해 축복하고 기도하라

'신기한' 그 경험을 한 뒤로 나는 누군가가 미우면 미울수록 그 사람을 진심으로 축복해야 한다는 사실을 믿게 되었다. <u>그 사람에게 친절과 선의를 베풀면 미운 마음이 사라지고, 그로 인해 진정으로 그에게서 멀어질 수 있다는 걸 깨달았다.</u> 이 마음은 악한 감정이나 원한, 저주에서 비롯한 것이 아니었다. 서로가 각자의 자리에서 평안하고 행복하기를 진심으로 바라는 마음에서 나오는 것이었다.

몇 년 전, 어머니가 암 선고를 받았다. 처음 암을 발견했을 때 다발성 종양이 7개나 있었다. 가장 큰 문제는 제일 큰 종양의 크기가 6.5cm나 돼서 음식을 제대로 삼킬 수도 없고, 발음에도 영향을 준다는 것이었다. 불행 중 다행인 건 얼마 후 대만에 새로운 치료법이 도입되어 적극적으로 치료를 받을 수 있다는 것이었다. 그렇게 1년간 입원하며 항암 치료, 퇴원 후 통원 치료, 3년간의 추적 검사를 거쳐 5년 만에 완치 판정을 받았다. 어머니는 완치 판정을 받은 희귀 케이스로 병원에서는 물론 지인들 사이에서도 '기적의 여인'으로 불렸다.

사람들이 물었다. "대체 어떻게 가능했느냐?"고. 당연히 훌륭한 의료진의 치료와 수고, 그리고 삶에 대한 어머니의 강한 의지와 용기가 있었기 때문에 가능했던 일이다. 지난 5년 동안 내가 한 일은 그저 '진심'으로 매일 어머니의 몸속에 퍼진 암세포를 '축복'하며 기도하고 경전을 읽은 것이다. 그 세포들이 어머니의 몸속에서 완전히 떠나 새 세상으로 가도록, 그곳에서 영원히 안식하도록 기도했다.

불경을 공부하면서 나는 생각이 선한 방향으로 흐르게 하는 법을 배웠다. 이로써 어머니에 대한 집착에서 벗어났고 세상에 대한 원망에서 해방되었다.

지금까지도 나는 이 부드러우면서도 강인한 '축복'의 힘을 믿는다. 형태가 있는 것이든 없는 것이든 세상 모든 만물에게 자비심을 가지고 차별 없이 베풀 때 우리는 비로소 진정한 열반에 이를 수 있다.

제2장

무아의 경지에 이르는 삶, 무아도생

금강경 한 구절

약보살유아상, 인상, 중생상, 수자상, 즉비보살.

若菩薩有我相, 人相, 眾生相, 壽者相, 即非菩薩.

『금강경·대승정종 제3분金剛經·大乘正宗分第三』

해석 만일 여전히 자아와 개인, 중생과 오래 살고자 하는 생각에 집착하거나 서로 다른 외모나 생김새의 대상을 차별하여 대한다면 그는 보살이라 부를 수 없느니라.

마음에 와닿는 문장을 필사해 봅시다.

꿈같은 인생,
영원하지 않은 인생

설 연휴를 앞두고 집 안 대청소를 했다. 안방 청소를 하는데 화장실 문 양쪽으로 벽지가 축축하게 젖은 걸 발견했다. 한숨이 나왔다. 바로 다음 날부터 연휴라서 사람 부르기가 쉽지 않을 듯했다. 나도 일이 많아 연휴까지 일정이 빽빽하게 차 있었다. 수리하려면 시간을 내야 하는데 그 또한 여의치 않았다.

이 누수의 원인은 위층이었다. 얼마 전 위층 세대가 새롭게 인테리어 공사를 했다. 집안 구조를 싹 바꾸느라 공사 기간 내내 소음이 컸는데, 화장실 방수 작업을 제대로 하지 않았는지 계속해서 물이 새는 것이다. 이번이 벌써 세 번째였다. 위층 주인은 세를 잘 놓기 위해 인테리어 공사를 했다고 하고는 중개업체에 세입에 관한 모든 업무를 일임했다. 그러니 매번 누수 문제로 연락할 때마다 집 주인은 한 번도 얼굴을 내민 적이 없었다. 중개인을 통해 상황을 전달하느라 진이 다 빠질 정도였다.

잠들기 전에 한 번 더 벽지 상태를 체크했다. 다행히도 물이 바닥으로 떨어지는 정도는 아니었다. 불안하긴 했지만 어쩔 수 없이 평소처럼 잠들려 노력했다. 얼핏 잠이 들었는데 얼마 지나지 않아 정말 생생한 꿈을 꿨다. 꿈속에서 안방 욕실 벽을 타고 물이 쏟아져 내렸다. 당황한 나는 여기저기 전화를 걸어서 어떻게 해야 할지 물었다. 마음이 조급해 온몸에 식은땀이 흘렀고, 어찌할 바를 몰라 발을 동동 구르다가 돌연 잠에서 깼다.

놀란 나는 곧바로 욕실 쪽을 바라봤다. 집은 물에 잠기지 않고 그대로 있었다. '아, 꿈이었구나!' 안도의 한숨을 내쉬고 나니 갑자기 또 헷갈렸다. 방금 본 장면이 꿈인지 생시인지 분간하기 어려웠던 것이다. 나는 그대로 용수철처럼 침대에서 벌떡 일어나 화장실로 향했다. 벽지는 잠들기 전에 만졌던 것보다 훨씬 많이 젖어 있었고, 이제 욕실 천장에서 '똑, 똑' 소리를 내며 물이 한 방울씩 바닥으로 떨어지고 있었다.

이것이 내가 겪은 '꿈속의 꿈夢中夢' 이야기다. 송나라 철학자 장자莊子도 그랬고, 불교에서도 이와 비슷한 문제에 관해 이야기를 나눈 적이 있다. 이 책을 읽고 있는 당신은 지금이 현실이라고 생각하는가? 혹시 우리의 인생이 한바탕 꿈이라고 생각해 본 적은 없는가? 우주의 또 다른 곳에 깨어 있는 당신이 꿈속의 당신을 바라보고 있다는 생각을 해 본 적은 없는가?

조설근의 저명한 소설 『홍루몽紅樓夢』에 등장하는 주인공 가보옥이 꿈속에서 태허환경太虛環境[15]을 노닐다가 다음과 같은 글귀를 보게 된다.

---

15 소설 『홍루몽』에서 설정한 가상의 신선 세계로 인간 세상의 애정사를 주관하는 곳.

"가짜를 진짜라고 생각하면 진짜도 가짜가 되고, 없는 것을 있다고 여기면 있는 것이 없는 것이 된다."[16]

석가모니 역시 이와 비슷한 말을 『금강경』에서 언급한다.

"세상의 모든 것은 잠시 잠깐의 인연에 따라 만들어진 것으로 꿈과 같고, 환상과 같고, 물거품과 같으며, 그림자와 같고, 이슬과 같고, 또한 번개와 같으니 이는 진실로 영원히 존재하지 않는 것이니라."[17]

나는 연휴가 끝난 뒤 수리 기사를 불러 보수 공사를 했다. 물이 떨어졌던 흔적은 말끔히 사라졌다. 마치 그곳에 아무 일도 일어나지 않았던 것처럼.

영원하지 않은 일상에 감사하되 집착하지 않아야 한다

예전에 강의하면서 '꿈과 같고 환상과 같고 물거품과 같으며 그림자와 같고 이슬과 같고 또한 번개와 같으니'의 구절을 설명할 때 업무나 연애의 감정을 예시로 들고는 했다

---

16 假作眞時眞亦假; 無爲有處有還無.
17 一切有爲法, 如夢幻泡影, 如露亦如電, 應作如是觀.

사업에 성공한 남자가 있었다. 승승장구하며 많은 재산을 쌓은 그는 더 저돌적으로 사업을 확장하며 투자했다. 그런데 생각지도 못하게 글로벌 금융 위기가 찾아왔고, 수년간 쌓은 성과가 하루아침에 물거품이 되어 사라졌다.

조지와 마리아는 대학교 캠퍼스 커플이었다. 서로를 깊이 사랑한 그들은 대학 졸업 후 결혼해 행복한 신혼생활을 이어 갔다. 그러던 어느 날 교통사고로 인해 행복했던 가정은 하루아침에 산산조각이 나고 말았다.

오랫동안 교단에서 학생을 가르치며 존경받던 교수가 있었다. 연구논문도 많고 성실했던 그는 주변 사람들에게 좋은 영향력을 미치는 사람이었다. 그러던 어느 날, 그가 알츠하이머 판정을 받게 되었고, 병세는 삽시간에 악화하여 끝내 가족들 얼굴도 알아보지 못하는 상황이 되었다.

일련의 일들은 가슴 아프고 괴롭지만 실제로 우리 주변에서 일어나고 있고, 어쩌면 내게 일어날지도 모르는 일상이다. 인생의 허망함을 제대로 이해한 사람은 스스로 늘 일깨운다. 지금 인생이라는 배가 순항 중이든, 역경을 만났든 그 현실에 집착해서는 안 된다고 말이다.

탄식만 하기보다는 그러한 현실을 받아들이고 순응해야 한다.

우리가 사는 세상은 아름답고 이 시간은 찰나에 지나간다. 그러니 현재에 충실하고 이 시간을 소중히 여기되 집착해서는 안 된다.

금강경 한 구절

일절유위법, 여몽환포영, 여노역여전, 응작여시관.
一切有爲法, 如夢幻泡影, 如露亦如電, 應作如是觀.

『금강경·응화비진 제32분 金剛經·應化非眞分第三十二』

해석 세상 모든 것은 인연을 따라 생겨난 것으로 인연이 사라지면 없어지는 것이라. 이것은 마치 꿈이나 환상, 물거품이나 그림자, 이슬이나 번개와 같으니 이러한 관점으로 바라보고 생각하면 모든 것은 잠시 잠깐 존재하는 것으로 영원하지 않다는 것을 깨달을 수 있느니라.

마음에 와닿는 문장을 필사해 봅시다.

제3장

보이는 것에 얽매이지 않고 베푸는 삶, 무상보시 無相布施

도움을 주는 사람과
받는 사람 모두가
행복한 삶에 관하여

◆ 경전을 필사하고 읽고 받들고
해설하는 것만으로도
누군가를 도울 수 있다.

"수보리야, 보살은 자기가 지은
복덕福德에 집착하지 아니하고,
탐착貪著하지 않으므로
복덕을 누리지 않는다고
말한 것이다."

"만약 보살이 마음을 어떤 관념에 머물며
 보시하는 것은, 마치 어떤 사람이 캄캄한 곳에
 들어가서 아무것도 볼 수 없는 것과 같으니라.
 만약 보살이 마음을 어떤 관념에
 머물지 않고 보시하는 것은,
 마치 사람에게 밝은 눈이 있고 햇살도 밝게 비쳐서
 온갖 물체를 다 볼 수 있는 것과 같으니라."

내 멋대로 생각해서 베푸는 호의가
관계를 망친다

어릴 때부터 자주 들었던 말 중 하나가 "주는 사람보다 받는 사람이 더 복이 있다."라는 말이다. 살면서 누군가에게 도움을 받은 적도 있고, 또 누군가를 도와준 적도 있다. 그러면서 이 말은 사실 서로를 더 돕고 살 수 있도록 독려하는 말이라는 걸 깨달았다. 그렇지만 불교학의 관점에서 보면 중간에 끼어 있는 '~보다'라는 표현을 없애는 것이 더 좋을 것 같다. 조금 더 객관적인 시각으로 생각하면 '<u>주는 사람과 받는 사람</u>' 모두가 복이 있다.

   도움을 주고받았으면 서로에게 감사해야지 누구에게 더 '복'이 있는지 계산할 필요는 없다. 이 복을 '행복'이니, '덕'이니 하는 것들로 해석하고 강조할 필요도 없다. 누군가를 진심으로 도와주는 사람이 진정으로 바라는 건 그런 것이 아니기 때문이다. 만에 하나 그런 생각으로 누군가를 도와주었다면 이제부터는 그런 마음을 버려야 한다.

"얻어먹은 게 있으면 떳떳해지기 어렵다."라는 옛말이 있다. 누군가의 도움을 받고 나면 허리를 조아리게 되고, 빚을 졌다는 생각에 마음이 없어도 억지로 비위를 맞추게 된다는 뜻이다. 그래서 "주는 사람보다 받는 사람이 더 복이 있다."라는 말 뒤에는 일종의 '오만함'이 숨겨져 있다. 바꿔 말하면 능력이 되어야 누군가를 도와줄 수 있다는 뜻이기 때문이다. 그런데 현실은 그렇지 않다. 대부분은 누군가에게 도움을 줄 때 어떤 보상이나 대가를 바라지 않는다.

어릴 적 집안 형편이 그리 넉넉하지 않았다. 학비를 내지 못해 절절매고 있을 때 부모님의 몇몇 친구분이 선뜻 나서서 도와주신 덕분에 고비를 넘기기도 했다. 나중에 돈을 벌면서 몇 해에 걸쳐 그 돈을 다 갚았다. 그중에 한 분은 돈을 돌려받을 때 의외라는 표정으로 미소를 지으며 말씀하셨다.

"이렇게 의젓하게 자라서 학업을 잘 마쳤다니 정말 자랑스럽구나. 사실 이 돈은 애초에 받을 생각도 안 했어."

또 다른 분은 직접 도움을 주신 건 아니지만, 공부도 하면서 용돈벌이를 할 수 있도록 일자리를 소개해 주시기도 했다. 아직도 그분에게는 감사한 마음이 들어 기회가 될 때마다 찾아뵙고 음식을 대접한다.

이렇게 아름다운 기억들이 모이고 모여 나는 '받은 것이 있으면 꼭 보답해야 한다'라는 생각을 품고 자랐다. 그런데 훗날 이것이 내 인간관계의 걸림돌이 될 줄은 정말 몰랐다. 나와 친한 몇몇 친구들은 종종 내게 거리감이 느껴진다고 했다.

"그렇게까지 고마워할 필요 없어. 네가 너무 그러니까 오히려 민망

제3장

보이는 것에 얽매이지 않고 베푸는 삶, 무상보시

해."

친구들의 반응을 보면서 내가 받은 것에 보답하는 진짜 동기가 무엇인지, 진정한 도움이란 무엇인지 곰곰이 생각해 보았다. 어느 정도 능력이 생기고 난 뒤 사심 없이 누군가를 도와주면서 조금씩 내면의 자신감이 자랐다. 누군가 조건 없이 건네는 호의를 받아 보고, 나 또한 조건 없이 누군가를 도와주면서 깨달은 한 가지는 도움을 주고받을 때는 상대에게 부담을 주어서는 안 된다는 것이다.

<u>진정한 도움은 상대에게 그 어떤 대가나 보상을 바라지 않으면서 베푸는 것이다. 상대가 편안한 마음으로 받게 하여 마음에 어떠한 부담이나 거리낌이 없어야 한다.</u>

도움을 주기 전 상대의 진정한 요구를 확인하라

'주고' 또 '받는' 양측은 대등하고 평등한 관계다. 어느 정도의 도움을 주었든, 어느 만큼 헌신했든 상관없다. 상대적으로 도움이 필요한 쪽에게 순순히 그 호의를 베풀어 그가 진정으로 필요한 곳에 사용할 수 있도록 하면 된다. 그렇지 않으면 누군가를 위해 내미는 재물이나 호의가 잘 전달되지 않는다. 그러면 상대는 그 호의를 적재적소에 사용하지 못한다. 일종의 자원 낭비다. 특히 <u>가까운 사이일수록 내 멋대로 생각해서 베푸는 호의가 오히려 그 관계를 망치는 지름길이 되기도 한다.</u>

부모와 자식 간의 관계를 생각해 보자. 부모가 자녀에게 자주 하는 말이 있다. "다 너를 위해서야!" 자녀 중 열에 아홉은 그 말을 믿지 않는다.

반항심이 아니라 억울함이다. 부모는 오로지 자신의 입장에서 판단해 아이에게 좋으리라 생각되는 것을 제안한다. 혹은 자기의 기대와 바람을 자녀에게 덮어 씌워 놓은 채 아이의 생각은 무시한다. 그래 놓고 아이가 부모 마음을 몰라 준다며, 키워 준 은혜를 원수로 갚는다며 한탄한다.

그런데 부모만 그런 게 아니다. 사실 자식들도 그렇다. 예전부터 나는 명절이나 어버이날, 혹은 생신 때마다 용돈 봉투를 준비해 어머니께 드리고는 했다. 사실 어머니가 거의 외출을 하지 못하니 그다지 필요 없다는 걸 알면서도 으레 관례처럼 그것으로 마음을 표현했고, 어머니도 왠지 그래야 불안함이 없을 거라 믿었다.

그러던 어느 날, 어머니 대신 방을 정리하다 오랫동안 써 오신 5단 서랍장에서 '봉투 더미'를 발견하게 되었다. 그동안 드린 봉투들이, 손 한 번 대지 않은 채로 보자기에 싸여서 서랍 깊은 곳에 놓여 있었다. 잠깐 멍하니 있다가 어머니께 "혹시 필요하시면 그 돈을 은행 통장에 넣어드리겠다"라고 말씀드렸더니 어머니는 이렇게 대답하셨다.

"그거 다 네 돈이잖니. 네가 도로 가져가거라."

옛날 같았으면 그 자리에서 불같이 화를 냈을 것이다. 기껏 마음 써서 드렸는데 그런 식으로 말한다고 어머니를 다그쳤을 것이다. 결국 서로 마음이 상해서 어머니와 얼굴을 붉혔을지 모른다. 하지만 몇 년 동안 어머니와 함께한 경험을 토대로 나는 아주 완벽하고도 아름다운 대안을 내놓았다.

"그러면 엄마 명의로 기부하는 거 어때요? 그리고 남은 돈으로 맛있는 거 사 주세요."

제3장

보이는 것에 얽매이지 않고 베푸는 삶, 무상보시

어머니는 기꺼이 동의했다. 누나들에게 연락해 간단한 가족 모임을 했고, 그 자리에서 나는 "오늘 밥은 엄마가 사는 거야!"라고 선언하듯 외쳤다. 어머니는 흡족한 미소를 지었다.

내가 사랑하는 것을 누군가에게 내어 주기

불교에서 자비심을 베푸는 '보시'는 매우 중요한 수행 방식이다.

불교에서 말하는 '6대 수행법'을 순서대로 나열하면 해탈의 경지에 이르는 열반涅槃, 자비심을 베푸는 보시, 계율을 받아 잘 지키는 지계持戒, 온갖 욕됨과 번뇌를 참는 인욕忍辱, 순수하고 물들지 않은 마음으로 항상 부지런히 도를 닦는 정진精進, 수행인이 반야의 지혜를 얻고 성불하기 위해 마음을 닦고 생각을 쉬는 선정禪定이 있다. 이것을 통틀어 '육바라밀六波羅蜜'이라고 한다. 여기에서 '바라밀'은 또 다른 말로 '바라밀다波羅蜜多'라고도 하는데 모두 득도의 경지에 이르러 다른 세상, 즉 피안으로 건너간다는 뜻이다.

『금강경』에서 보는 '보시'에 대한 생각과 방법은 깊이가 남다르다. '보시'를 쉬운 말로 풀이하면 '자기 것을 다른 사람이 사용할 수 있게 내어 주는 것'이다. 다시 말해 내가 사랑하는 것을 그것이 진실로 필요한 누군가에게 내어 주는 것이다. 재물이 필요한 사람에게는 재물을 보시하고, 두려움에 사로잡힌 사람에게는 안도감을 보시하고, 수행이 필요한 사람에게는 불교의 법을 전수하고 도리를 보시하는 것이다.

그 외에도 '무상보시無相布施'가 있는데 글자 그대로 해석하자면 '누군가 필요로 하는 것이 있으면 그 어떤 형식이나 상태에 제한되지 않고 내어 주는 것'을 말한다. 더 깊은 의미로 해석하면 '아집'을 내려놓는 것이다. 즉, 상대가 필요로 하는 것을 내 마음대로 속단하거나 판단하지 않아야 하며, 내가 아끼는 것을 내어 준다고 생색내거나 서운해하지 않아야 한다. 더욱이 도움을 주었다고 상대에게 보답이나 보상을 바라서는 안 된다.

이러한 경지에 오를 때 비로소 도움을 준 자도 잊고施空, 도움을 받은 자도 잊으며受空, 도움을 준 물건物空도 잊게 된다. 이것이 바로 불교에서 말하는 '삼륜체공三輪體空'이며 이것이야말로 '보시'의 최고 경지라고 할 수 있다.

금강경 한 구절

보살어법, 응무소주, 행어보시. 소위부주색보시, 부주성, 향, 미, 촉, 법보시. 수보리! 보살응여시보시, 부주어상.

菩薩於法, 應無所住, 行於布施. 所謂不住色布施, 不住聲, 香, 味, 觸, 法布施. 須菩提! 菩薩應如是布施, 不住於相.

『금강경·묘행무주 제4분 金剛經·妙行無住分第四』

해석 보살은 법에 대하여 마땅히 머무는 바 없이 보시해야 하며, 보시할 때는 집착이 없어야 한다. 보시를 수행할 때는 색깔이나 냄새, 맛이나 촉감, 법 등 표면적인 형식에 집착해서는 안 된다.
수보리여! 보살이 보시할 때는 형식에 제한받아서는 아니 되느니라.

마음에 와닿는 문장을 필사해 봅시다.

도움을 주는 사람과 받는 사람 모두가 행복한 삶에 관하여

어릴 적 받은 가정 교육의 영향인지는 몰라도 어릴 때는 사람들이 선뜻 내어 주는 호의를 잘 받지 못했다. 남을 귀찮게 하거나 신세 지는 게 그렇게나 어려웠다. 누가 내게 뭔가를 해 주면 그 사람에게 빚을 졌다는 생각에 어떻게든 보답하려고 안간힘을 썼다.

어릴 때를 떠올려 보면 부모님 모두 친척이나 지인들에게 아낌없이 베풀었다. 정작 본인들은 넉넉하지 않은 형편이었지만, 도움이 필요한 사람이 있으면 물불 가리지 않고 나서서 도와주었다. 부모님 또한 남에게 신세 지는 건 극도로 싫어해서 누군가에게 선물이나 도움을 받으면 어떻게든 최대한 빨리 보답하고는 했다.

나이가 들고 심리학을 공부하면서 <u>남에게 과도하게 친절하고 예의를 차리며 겸손하게 대하는 심리의 이면에는 '나는 호의를 받을 만한 자격이 없는 사람'</u>이라는 자기 비하가 깔려 있다는 사실을 알게 되었다. 그래

제3장

보이는 것에 얽매이지 않고 베푸는 삶, 무상보시

서 조금씩 생각을 바꾸는 훈련을 했다. 누군가의 호의를 기쁘게 받아들이려 노력했고, 나는 그러한 호의를 받을 만한 자격이 있는 존재라는 걸 의식적으로 상기했다.

물론 하루아침에 된 건 아니다. 생각을 바꾸는 데는 아주 오랜 시간이 걸렸고, 지금도 진행 중이다. 그래도 많이 나아졌다고 느끼는 부분은 누군가의 도움을 받을 때 더는 예전처럼 심한 부채감이나 죄책감에 시달리지 않는다는 점이다. 일단 그런 생각이 고개를 들라치면 곧바로 생각한다. '저 사람이 나한테 잘해 주는 만큼 나도 잘해 주면 돼.' '난 저 사람의 호의를 받을 자격이 있어. 나도 저 사람에게 친절하게 대하면 돼.'

물론 어떻게든 빨리 보답해야 한다는 생각 자체는 지울 수 없지만, 그래도 행동은 어느 정도 통제할 수 있다. 그래서 곧바로 반응하지 않고 적당한 기회가 왔을 때 적절하게 감사의 마음을 전달하려고 노력한다.

얼마 전에 등에 생긴 지방종 제거술을 받았다. 생긴 지 몇 년 되었는데 그동안 일이 너무 바빠서 병원에 갈 시간이 없었다. 시술 전에 간단한 주의 사항에 관해 설명을 듣는데, 의사가 최소 6개월 동안은 무거운 물건을 들면 안 된다며 주의를 줬다.

남에게 폐 끼치는 걸 극도로 꺼리는 나는 시술 당일 꼭두새벽에 일어나 혼자 병원으로 향했다. 그리고 오후에는 정상적으로 출근해 방송국 업무를 처리했다. 규정상 방송국에 출근할 때는 개인 PC와 서류, 텀블러 등을 들고 가야 한다. 평소에는 아무렇지 않았는데 시술 당일에는 그것들을 한꺼번에 들고 가려니 등에 무리가 왔다. 결국 서너 개의 가방에 나눠 담고 차례차례 차에 옮겨 실었다.

녹화가 끝나자 얼마 전에 끝낸 인터뷰 기사와 자료들, 관련 서적들이 추가되었다. 그걸 모조리 혼자 낑낑거리며 들고 가려는데 보다 못한 동료가 대신 짐을 들고 주차장까지 바래다주겠다고 했다. 나는 손사래를 치며 엘리베이터 입구까지만 들어달라고 만류했다. 내가 너무 고사하니까 동료는 어쩔 수 없이 알았다고 했다. 엘리베이터 문이 열리고 짐을 가지고 타려는데 동료의 한마디가 가슴을 후려쳤다. "형님! 저 서운해요. 그렇게까지 벽을 칠 필요는 없어요."

그랬다. <u>다른 사람이 사심 없이 건넨 호의를 순순히 받아들이지 못하고 끝끝내 거절하면 서로 간의 거리는 멀어진다.</u> 10층에서 지하 2층까지 내려오는 그 엘리베이터 안에서 나는 많은 것을 깨달았다.

도움을 줄 때 상대의 반응을 마음대로 기대하지 마라

기업 고문 자리에 있을 때는 회사에서 정신적으로 어려움을 겪고 있는 사람들의 심리상담을 맡아 도움을 주고는 했다. 그때 제일 많이 들었던 불만은 이런 것들이었다.

"물론 제가 뭘 바라고 그 사람을 도와준 건 아니에요. 하지만 제 호의를 너무 당연한 것처럼 받아들이니까 좀 화가 나는 거 있죠!"

누군가를 정말 열심히 도와주었는데 상대가 그걸 너무 당연한 듯 여기면 어떨까? 현대인의 관점에서 보면 이건 정말이지 불공평한 일이다. 심지어 상대에게 이용당했다는 생각에 화가 나고 마음이 불편해진다.

특히 함께 프로젝트를 진행하거나 공동으로 업무를 처리하는 과정에서 그런 일이 일어나면 억울함은 극에 달한다. 나에게만 일이 과중되는 것 같다는 생각도 든다. 일은 내가 더 많이 했는데 그 공로를 고스란히 다른 사람 손에 넘겨주는 것 같아 불만이 생기기도 한다. 이럴 때는 곰곰이 생각해 보는 것이 좋다. '나는 저 사람에게 어떤 반응을 기대했는가?' '저 사람이 내게 무슨 말을 해 주길 바랐을까?'

정상적인 논리로 생각한다면 이런 반응을 기대한다. "최소한 고맙다는 말은 할 수 있잖아요!" 그런데 재밌는 건 정말로 상대방의 반응이 시답지 않아 서운해하는 사람들에게 그럼 당신이 진정으로 바라는 게 뭐냐고 물으면 열에 아홉은 이렇게 대답한다.

"뭐, 특별한 건 없어요. 그냥 그 사람한테 도움이 됐으면 그만이죠."
"그 사람의 반응을 제 마음대로 조종할 수 있는 것도 아니잖아요."

물론 이런 대답에는 어느 정도 부정적인 감정이 포함되어 있긴 하지만, 이성적으로 생각해 보면 이 말에 바로 정답이 들어 있다. 도움을 준 뒤 상대에게 서운한 마음이 들 때마다 이 말을 되새기는 연습을 하면 부정적인 감정이 스르르 걷히는 경험을 하게 된다.

<u>인간관계에서 오는 가장 큰 스트레스는 사람들의 반응이 내 마음 같지 않다는 것이며, 내가 원하는 대로 그들의 반응을 통제할 수 없다는 점이다.</u> 특히나 누군가를 성심성의껏 도와주었을 때 굳이 뭔가 보상을 바란 건 아니지만, 상대의 반응이 내가 생각했던 것과 다르면 서운한 마음이 들기도 한다.

"수보리야, 보살은 자기가 지은 복덕福德에 집착하지 아니하고, 탐

착착(貪著)하지 않으므로 복덕을 누리지 않는다고 말한 것이다."¹

『금강경』에서 석가모니는 수보리에게 보살이 중생을 위해 베푸는 것은 당연히 해야 하는 일로 그저 본분에 충실한 것이라고 말한다. 마땅히 해야 할 일을 한 것이니 처음부터 보상이나 보답을 원한 적이 없고, 또 그로 인해 복을 받으려고 생각한 적도 없으니, 애초에 복을 누린 적 없는 것이라 설명한다.

이러한 불교의 정신을 일상에 적용해 보자면 누군가를 도와줄 때 그에게 어떤 보상이나 보답을 바라서는 안 된다. 더 중요한 건 내가 뭔가를 했다는 생각에 잘난척하거나 으스대서도 안 된다. 그건 그저 선의를 베푸는 본분에 충실한 것이므로 상대를 위해 내가 뭔가를 해 주었다고 생각할 필요가 없는 것이다.

여기서 한 걸음 더 나아가 내가 상대를 도와주길 원하고, 상대도 그 도움을 받고자 한다면 이것이야말로 완벽하게 아름다운 과정이다. 내 손길로 상대가 어떤 도움을 받았는지, 나는 그걸로 어떤 복을 받게 될 것인지 등을 계산할 필요는 없다. 모든 기대를 버린 채 도와주는 사람에게 진정한 자유가 따른다. 기대라는 것 자체가 일종의 집념에 해당하기 때문이다. 기대를 버리는 것은 곧 집착을 버리는 것이다. 다른 말로 하면 '나'에 대한 바람과 집념을 최소한의 상태로 만들어야 한다. 이러한 수행을 계속하다 보면 마침내 우리는 '무아'의 경지에 오를 수 있을 것이다.

---

1 菩薩所作福德, 不應貪著, 是故說: 不受福德.

아무것도 바라지 않을 때
상대도 부담 없이 도움을 받는다

어머니를 간병한 지 30여 년이 흘렀다. 당연히 무언가를 바라고 어머니를 돌보는 건 아니다. 나는 그저 내 힘이 닿는 범위에서, 자식 된 도리로 할 수 있는 최선을 다하고 있다. 하지만 저 깊은 무의식에서는 '정말 아무것도 바라는 게 없나?'라는 질문이 끊임없이 올라왔다. 이에 대한 답은 어머니가 병을 얻고 10년 차 되던 해에 얻었다.

'아무런 보상도 바라지 않는다'라는 생각은 철저히 '돌보는 사람'의 입장에서 하는 것이다. '돌봄을 받는 사람'은 늘 미안하고 안쓰럽다. 죄책감마저 든다.

나와 어머니처럼 가까운 사이라도 그렇다. 어머니를 돌보기 시작한 10년 동안, 우리는 서로 감정적으로 많이 부딪쳤다. <u>가장 큰 이유는 '돌보는 사람'이 도움을 주면 줄수록 '돌봄을 받는 사람'의 죄책감이 커진다는 거였다.</u> 이 느낌이 쌓이고 쌓여 서로에게 큰 스트레스가 되었고, 그것은 곧 억울함과 원망으로 바뀌었다.

'돌보는 사람'은 '내가 이렇게까지 헌신하는데 왜 대체 맞춰 주지 않는 거야? 대체 뭐가 불만이야?'라고 생각했고, '돌봄을 받는 사람'은 '너를 힘들게 하는 내가 너무 싫어'라며 자책하고 원망했다.

어떻게든 어머니의 기분을 전환해 주려고 나는 정말 바쁜 와중에도 통원 치료 일정을 모두 챙기며 어머니를 모시고 다녔다. 중간중간 교외로 나가 계절이 변하는 풍경을 보기도 하고, 맛집에 들러 맛있는 음식도 사드리고는 했다. 그런데 한 번씩 폭발할 때가 있었다. 아주 사소하고 일상적인 것들 때문이었다. 가령 외출 전에 갑자기 어머니가 입으려던 외투가 아무리 찾아도 보이지 않는다거나, 신발을 신었는데 작아진 느낌이면 어머니는 돌연 마음이 토라져서 "안 갈란다" 하고 방으로 쌩하고 들어가 버렸다. 그러면 나는 나대로 화가 치밀어 올라 감정적으로 대응하고는 했다.

몇 번 그런 충돌이 생긴 뒤 나는 자문했다. '나는 대체 뭐 때문에 화를 내는 걸까?' 아들로서 최선을 다해 효도하고 있는데 어머니가 몰라 주는 것 같아서? 아니면 거동이 불편한 어머니가 안쓰러워 하루 종일 집에 있는 것보다는 밖에 나가 사람도 만났으면 하는 마음에 외출하려는데 어머니가 자꾸 어깃장을 놔서?

비슷한 일은 그 후로도 많이 일어났다. 정말 무수한 갈등과 싸움을 하면서 나는 어이없는 황당함도 느꼈고, 어머니를 도저히 이해할 수 없어 화가 나기도 했다. 그러다가 어떤 때는 안쓰러운 마음도 들었고, 어머니의 심정이 이해되기도 했다. 그러면서 깨달았다. 어머니는 아들이 안타까운 거라는 걸. 내가 제대로 쉬지도 못하면서 당신을 돌보는 게 안타깝고, 혹시나 업무에 지장을 주진 않을까 하는 안쓰러운 마음이었다. 그렇게 복잡한 마음이 얽히고설켜 본인도 모르는 감정이 어느 순간 튀어나오곤 했다. 어머니의 '그릇'은 아직 그 죄책감을 모두 담아내기엔 너무 버거웠다.

어머니의 불안을 확인한 뒤, 나는 원활히 소통하는 법을 배워 나가기로 했다.

"엄마, 엄마가 나한테 미안해하는 거 알아요. 그런데 엄마랑 나가서 산책하는 거 내가 정말 좋아서 하는 거예요. 엄마랑 함께하는 시간이 소중하거든."

그러자 어머니 역시 달라졌다. 이제는 농담으로 건네는 어리광도 웃으면서 받아치실 정도다.

"엄마, 내가 오늘 엄마 병원 모시고 가려고 새벽 6시 반에 나와서 대기표 뽑아 온 거 아세요?"

"그럼 세상에 아들이라고는 너 하난데! 그걸 네가 해야지, 누가 하니?"

불평이나 억울한 마음 없이 기꺼이 도움을 주고, 그 도움을 달갑게 받아들일 수 있을 때 '돌보는 사람'과 '돌봄을 받는 사람' 모두가 행복하다. 어머니는 나의 돌봄과 도움을 '당연한 것'으로 받아들이자, 마음이 편해지셨다. 우리 사이에 더는 정서적인 다툼이나 충돌이 일어나지 않게 되었다.

금강경 한 구절

보살소작복덕, 불응탐착, 시고설불수복덕.

菩薩所作福德, 不應貪著, 是故說不受福德.

『금강경·불수불탐 제28분 金剛經·不受不貪分第二十八』

해석 보살이 중생을 가르치고 보시를 베푸는 것은 마땅히 해야 할 본분이라. 복을 얻으려는 마음으로 보시를 베풀지 않으며 복을 받을 수 있을지 없을지 계산하지 않으니, 보살은 애초에 복을 누리지 않는다고 말하는 것이니라.

마음에 와닿는 문장을 필사해 봅시다.

가장 간단하면서,
가장 어려운 일

어머니는 노래 듣는 걸 좋아한다. 이건 내가 어머니 간병을 시작하면서 알게 된 사실이다. 출장 갔다 집에 돌아오면 어머니는 언제나 소파에 앉아서 가장 좋아하는 〈가요 무대〉 프로그램에 시선을 고정하고 있다. 방송국에서 예산 절감을 위해 매해 재방송으로 몇 번을 재탕해서 보여 주는 것인데도 늘 처음 보는 사람처럼 푹 빠져 있다.

한번은 며칠 걸리는 출장 일정이 잡혔다. 당시 어머니는 항암 치료를 받고 있던 중이라, 아무래도 마음이 놓이지 않아 간병인 한 명을 섭외해 함께 출장길에 나섰다.

출장지에 도착해 저녁 식사를 마치고 어머니와 근처 공원을 산책했다. 마침 광장에서 버스킹 공연을 준비하고 있었다. 나는 휠체어를 한쪽에 잠시 세워 두고 조용히 곁눈질로 어머니의 표정을 살폈다. 연주가 시작되자 어머니는 어린아이처럼 해맑은 미소를 지으며 리듬에 맞춰 고개를 까딱거렸다.

노래하는 아티스트 두 명은 젊은 사람들이었다. 선곡 리스트에 포함된 노래들은 대부분 요즘 유행하는 것들이었다. 그런데도 어머니가 꽤 집중해서 듣는 모습이 재밌었다. 혹시나 해서 피곤하면 호텔에 들어가 쉬자고 했더니, 어머니는 고개를 저었다. 계속 그 자리에서 그들의 연주를 즐겼다.

밤 8시부터 시작된 공연은 10시에 끝났다. 연주가 끝나자, 관중은 자리에서 일어나 흩어졌고 아티스트들은 마이크와 악기 등을 정리하느라 여념이 없었지만, 어머니는 여운이 가시지 않는지 좀처럼 움직일 생각을 하지 않았다.

어머니가 무슨 생각을 하고 있는지 알 것 같았다. 나는 조용히 지갑에서 소정의 돈을 꺼내 어머니께 물었다.

"내고 올까요?"

평소에 먹는 거, 입는 거 전부 아끼며 사는 양반이 단 한순간의 망설임도 없이 고개를 끄덕였다. 나는 휠체어를 밀어 어머니의 손이 팁 박스에 닿을 수 있게 가까이 다가갔다. 아티스트들은 감사하다며 허리 숙여 인사하고는 활짝 웃었다. 그날 관중 수에 비해 돈을 낸 사람은 별로 없는 듯했다. 그런데 아흔에 가까운 파파 할머니가 공연비를 내고 가니 신기하기도 하고 기분이 더 좋은 모양이었다

버스킹 공연을 보고 성의를 표하는 것이나 방송을 보다가 후원하는 것 모두 아티스트에 대한 긍정과 감사의 마음을 전달하는 것과 같다. 물론 자선 단체에 기부금을 내는 건 아니지만, 나는 둘 사이에 '등호'를 매

제3장

보이는 것에 얽매이지 않고 베푸는 삶, 무상보시

기고 싶다. '보시'의 관점에서 보면 둘은 비슷한 점이 많다. 모두 자신이 가진 재물을 상대가 잘 사용할 수 있게 베푸는 것이기 때문이다.

'보시'의 형식은 각기 다르다

불교에서 '보시'는 착한 일로 덕을 쌓는 수행의 방법이다. 형식에 따라 '보시'의 종류는 돈을 베푸는 '재보시財布施', 바른 법과 교리로 사람들을 도와주는 '법보시法布施', 그리고 자신의 안위를 따지지 않고 타인의 두려움과 공포를 없애주는 '무외보시無畏布施'로 나뉜다.

『금강경』에는 '보시'에 관한 구절이 수없이 등장하는데 이것이 복을 쌓을 수 있는 아주 중요한 수행 방식이라는 것을 특별히 강조하기 위함이다. 경전에 등장하는 '보시'의 형태는 다양하다. 자신이 가진 금과 은, 보석을 누군가에게 내어 주는 '보보시寶布施', 자신의 생명을 내어 주는 '신명보시身命布施', 경전을 읽고 이것을 해설해 주는 등의 방식으로 남을 섬기는 '무상보시' 등이 있다. 그러나 베풀 때는 그 형식에 집착하지 않아야 하며 자신이 헌신하고 있다는 생각도 하지 않아야 한다.

문자 그대로 해석하면 본인의 돈이나 재물, 보석으로 다른 누군가를 도와주는 것이 가장 기본적인 '보시'지만, 그 표면적인 의미에 국한돼서 '뭐야, 돈 버는 게 얼마나 힘든데!'라고 생각한다거나 '돈 가진 게 뭐 대수라고!'라고 생각할 필요는 없다.

돈을 기부한다는 것의 진정한 의미는 액수에 있지 않다. 경제적으로

부유하지 않는 사람이 낸 기부금은 아주 소액일지라도 그의 자산 가운데 큰 비율을 차지한다. 기부라는 건 단지 돈을 내어 주는 단순한 행위가 아니다. 기부금을 받은 사람은 그것으로 정말 하고 싶었던 공부를 하거나 재난 구조, 치료, 연구 개발 등 진정으로 필요한 곳에 사용하므로 그 영향력은 우리가 생각하는 것보다 훨씬 크고 깊다.

　돈을 기부하는 게 간단해 보이지만 사실 돈을 내는 행위 자체가 어렵다기보다는 다른 누군가를 위해 나의 것을 포기하고 내어 주기가 쉽지 않은 일이다. 그러니 부자들이 그 많은 돈 중에 일부를 기부했다고 코웃음 칠 게 아니다. 돈을 목숨처럼 귀하게 여기는 사람이 선행을 하고 싶은 마음에 기부하겠다는 결심이 서면 이것은 자신의 '목숨'을 내어 주는 만큼의 값어치가 있는 행위이다.

금강경 한 구절

須菩提! 於意云何? 若有人滿三千大千世界七寶, 以用布施, 是人以是因緣, 得福多不?

수보리! 어의운하? 여유인만삼천대천세계칠보, 이용보시, 시인이시인연, 득복다불?

如是, 世尊! 此人以是因緣, 得福甚多.

여시, 세존! 차인이시인연, 득복심다.

『금강경·법계통화 제19분 金剛經·法界通化分第十九』

해석 석가모니: 수보리야! 어떻게 생각하느냐? 만약 어떤 사람이 삼천대천세계를 가득 채울 만큼 많은 금은보화를 보시에 쓴다면 이 사람이 얻는 복덕이 많겠느냐?
　　　수보리: 그렇사옵니다. 세존이시여! 이 사람이 그런 인연으로 얻는 복이 대단히 많습니다.

마음에 와닿는 문장을 필사해 봅시다.

누군가를 위해
나의 몸과 마음을 바치는 훈련

L은 성격이 급하고 더운 걸 무척이나 싫어한다. 특히 한낮에 땡볕 아래 서 있는 걸 극도로 싫어하는데 얼마 전에는 여자친구를 위해 그 싫어하는 걸 이를 악물고 참았다. 여자친구가 너무 가고 싶었던 공연의 취소 티켓이 나와 현장에서 재구매 창구를 열어 주었기 때문이다. L은 새벽부터 줄을 서서 엄청난 경쟁률을 뚫고 오후 2시가 되어서야 겨우 티켓을 손에 넣었다.

L은 여자친구에게 공연 티켓을 선물하며 웃으면서 말했다. "내가 진짜 널 위해 목숨까지 걸었어." 물론 과장 섞인 생색이다. 목숨까지 건 일은 아니었지만 어쨌든 그만큼 자신이 희생했다는 걸 밀하고 싶었을 것이다.

요즘 젊은 친구 중에 고전이나 경전에 관심이 있는 사람은 많지 않다.

제3장

보이는 것에 얽매이지 않고 베푸는 삶, 무상보시

그래서 경전에 등장하는 표현을 잘못 사용하는 경우가 많은데 그중 하나가 "목숨을 걸다."라는 표현이다.

"군자를 따르기 위해 목숨을 걸다捨命陪君子."라는 옛말이 있다. 이 말은 전국戰國 시기 절친한 사이였던 좌백도左伯桃와 양각애羊角哀의 이야기에서 유래했다. 두 사람은 함께 초楚나라로 관직을 얻으러 떠나던 길에 큰 눈을 만났다. 배도 고프고 날씨가 너무 추워 이대로 살아남기 힘들겠다고 생각한 좌백도가 양각애에게 말했다.

"이는 하늘이 우리를 돌보지 않는 것이다. 만일 한 사람이 죽으면, 나머지 한 사람이 살아남아 관직을 얻을 수 있을 것이다. 그러나 만일 함께 죽으면 시신조차 거둘 사람이 없을 것이다. 솔직히 말하자면 나의 재능은 그대만 못하다. 살아도 도움 될 점이 없고 오히려 그대의 발목을 잡게 될 것이다."

이 말을 마친 좌백도는 입고 있던 옷과 식량을 모두 양각애에게 넘겨준 뒤 자신은 눈 덮인 깊은 숲속으로 걸어 들어가 목숨을 던졌다. 양각애는 그의 옷과 식량 덕분에 순조롭게 초나라에 도착해 관직을 얻어 중용되었다. 훗날 사람들은 이 이야기를 본인이 아끼는 사람이 원하는 것을 이룰 수 있도록 자신의 것, 심지어 목숨까지 내어 주는 일에 빗대어 사용하기 시작했다.

『금강경』에 등장하는 '신명보시'도 이와 비슷한 뜻을 지닌다. '굶주린 사람에게 자신의 살을 떼어 주거나 온몸을 내어 준다'는 의미로 한층 더 깊은 차원의 섬김이다. 요즘은 법사들이 불교의 법을 더 널리 전파하고 신도들이 한 번에 쉽게 이해할 수 있도록 쉬운 예화를 들기도 한다. 보통 우리 주변에서 흔히 일어나는 일상적인 일들을 예화로 많이 드는데, 여기에 유머도 살짝 가미한다. 예전에 한 강연에서 들었던 예화다.

모기가 와서 물어뜯을 때 덕이 있는 자라면 즉시 때려죽이지 않고, 모기가 한 끼 배불리 먹고 며칠 더 살 수 있도록 자신의 피를 내어 준다. 이것이 '신명보시'다.

그런데 석가모니가 전한 '신명보시'의 본래 뜻도 과연 그러할까? 완벽하진 않아도 이 예화가 어느 정도 그 뜻을 대변하고 있다고 생각한다.

독자 중에는 20여 년 동안 꾸준히 내 작품을 좋아해 주고 응원해 주는 친구가 한 명 있다. 오프라인 강의를 할 때면 늘 참석해 인사를 건네는 친구다. 처음 알게 되었을 때는 결혼하지 않은 싱글이었는데, 시간이 지나 좋은 반려자를 만나 결혼을 했고, 이제는 자녀를 낳아 아버지가 되었다. 나는 그를 진심으로 축복하고 축하해 주었다. 또 일에 대한 그의 열정과 헌신에 늘 박수를 보내고 있다.

그는 소방대원이다. 어린 시절부터 소방대원에 관심이 많아 시험에 응시해 합격했다. 하지만 그의 가족들, 특히 어머니는 늘 그의 안전이 걱정되어 언제든 그만두고 고향으로 내려와 가업을 이으라고 말한다. 하지만 그는 본인의 일을 사랑하고 자부심을 느낀다.

오랫동안 알고 지낸 사이로, 그는 내게 가족과도 같은 사람이다. 매번 뉴스나 신문에서 재난 구조 현장에 투입된 소방대원들의 소식을 접할 때마다 혹시나 그가 거기 있진 않은지 눈을 크게 뜨고 찾아본다. 그리고 매일 그의 안위와 행복을 위해, 그와 함께하는 소방대원들의 평안을 위해 진심으로 축복하고 기도한다.

'보시'의 모양은 달라도 모두 덕을 쌓는 수행의 과정

소방대원의 일이야말로 전형적인 '신명보시'에 해당한다. 가족들은 그가 위급 상황이 발생했을 때는 물론, 평소에도 무탈한 삶을 이어 갈 수 있기를 바라며 노심초사한다. 긴급한 상황에 신속하게 대응하기 위해 늘 마음 한편에 만약을 준비하고 살아간다.

예전에 강의할 때 한 학생이 진지하게 물었다. "직장인들은 매일 회사를 위해 죽어라 일하는데 이것도 '신명보시'인가요?" '진지하게' 물었다는 사실을 특별히 언급한 이유는 혹시나 그가 농담으로 그 질문을 건넸다고 오해하는 사람이 있을 것 같아서다.

직업에 대한 가치관이 많이 변해 요즘에는 취업을 포기한 젊은 세대도 있고 '조용한 퇴직Quiet quitting[2]' 풍조가 확산하고 있기는 하나, 여전히 자기 일에 열정을 갖고 최선을 다하는 사람들이 있고, 심지어 너무 열심히 일한 나머지 '과로사'로 유명을 달리하는 안타까운 사람들도 있다. 그렇다면 이런 것들 역시 '신명보시'라고 할 수 있을까?

『금강경』에서 말하는 '보시'는 사적인 목적 없이, 어떠한 보상이나 대가를 바라지 않고 베푸는 것이다. 그런데 일이라는 건 보통 노동의 대가, 즉 임금이 따르는 것이므로 이론적으로 보자면 '보시'라고 볼 수 없다. 설령 '죽어서야 일을 그만두는' 정도로 열심히 한다고 해도 말이다.

그런데 만일 딱 자신의 할 일만 해도 되는 자리에 있는 사람이 있다고

---

2 일을 그만두는 건 아니지만 정해진 시간과 업무 범위 안에서만 일한다는 뜻으로 직장에서 최소한의 일만 하고 추가 근무는 꺼리는 현상.

하자. 그는 잔업이나 야근이 필요 없고, 상사 역시 과도한 업무를 요구하지 않는다. 그런데도 진급이나 임금 인상 등의 다른 목적 없이 순수하게 오직 열정으로 밤을 새워 가며 적극적으로 일한다면, 그래서 건강이나 생명에 지장을 줄 정도라면 그것은 '신명보시'라고 할 수 있다.

물론 이것은 이해를 돕기 위해 든 다소 극단적인 예화일 뿐이다. 그러나 현실적으로 너무나 많은 사람이 극한 환경과 위험한 상황에서 '신명보시'에 가깝게 일하고 있다. 아무런 사심 없이 누군가를 '살리기 위해' 자신의 자리에서 최선을 다하면 부수적인 보상은 자연스레 따라온다. 단순히 돈을 벌려는 목적이 아니라 '보시'의 베푸는 마음가짐으로 임하면 복은 얼마든지 쌓을 수 있다.

사랑을 위해서라면 목숨을 건 '보시'도 가능하다

"부모가 아이를 낳고 키우는 것도 '신명보시'에 해당하나요?"

한 학생이 물었다. 열 달 동안 아이를 뱃속에 품는 수고를 견디고, 죽을 것 같은 출산의 아픔을 감수하면서 아이를 낳아 키우는 것이야말로 진정한 '신명보시'에 해당하는 것 아니냐는 질문이었다.

『금강경』에서 설명하는 '보시'는 앞서 말했듯 사적인 목적이 없어야 하며, 상대에게 무언가를 바라지 않는다. 심지어 복을 바라시도 않는 순수한 희생과 베풂이다. 그러니 부모가 자녀를 키우며 '보시'를 이루려면 출산과 양육의 과정에서 순수하게 사랑만 베풀어야 한다. 아이가 대를 잇기를 바라거나 사회에 나가 성공하길 원하거나 훗날 나이 들어 자신을 부양하길 요구해서는 안 된다.

<u>사실 가장 원초적이고 근본적인 사랑은 아무런 사심이나 목적 없이 베풀어진다.</u> 상대에게 어떤 보상이나 대가를 바라지 않는다는 말이다. 최근 고령화가 빠르게 진행되면서 점점 더 많은 중년의 자녀가 자의든, 타의든 부모를 부양하며 남은 청춘을 희생하고 있다. 만일 자식의 도리를 다하려고, 혹은 그동안 낳아 주고 길러 준 부모의 은혜에 보답하기 위해서 부모를 돌보기 시작하면 심리적으로 큰 부담이 된다.

부모가 나를 어떻게 키웠든, 나를 어떻게 대했든 상관없이 그저 순수하게 사랑의 마음으로 그들을 돌보고 지켜 줘야 한다. 그것이 진정한 '보시'이며, 이렇게 할 때 가족들 간에 쌓인 앙금과 원망, 미움은 눈 녹듯 사라질 것이다.

자신의 목숨을 걸어서라도 누군가를 위해 희생하는 것, 아무것도 바라지 않고, 심지어 가족이 아닌 누군가를 위해 기꺼이 본인의 생명을 걸고 일할 수 있는 것이 진정한 내려놓음이며 '무아'로 가는 훈련이다.

금강경 한 구절

약유선남자, 선여인, 초일분이항하사등신보시; 중일분부이항하사등신보시; 후일분역이항하사등신보시, 여시무량백천만억겁, 이신보시.

若有善男子, 善女人, 初日分以恆河沙等身布施; 中日分復以恆河沙等身布施; 後日分亦以恆河沙等身布施, 如是無量百千萬億劫, 以身布施.

『금강경·지경공덕 제15분 金剛經·持經功德分第十五』

해석 만일 사람이 아침, 점심, 저녁 하루 종일 갠지스강의 헤아릴 수 없는 모래알만큼 몸과 생명을 바쳐 보시하고, 이를 백천 만년 억겁의 세월 동안 하루 세 번 끊임없이 이어 간다면 이루 말로 헤아릴 수 없는 복을 얻으리라.

마음에 와닿는 문장을 필사해 봅시다.

고귀한 희생은
누구도 힘들게 하지 않는다

본인의 힘과 능력, 마음을 바쳐 누군가를 도와주는 것을 '보시'라고 하며 그 형태는 매우 다양하다. 『금강경』에서 말하는 보시에는 재물로 하는 보시, 몸과 목숨을 바쳐 베푸는 보시, 부처의 법과 계율을 가르치는 보시가 있다. 특히 이 계율을 가르쳐 베푸는 '법보시'의 경우 그로 인해 얻는 복이 다른 '보시'에 비해 훨씬 많다.

"만일 삼천대천세계에 있는 모든 산 가운데 가장 높은 수미산, 그 산만큼 커다란 금은보화를 모아서 어떤 사람이 보시에 쓴다고 하자. 그런데 또 만일 다른 어떤 사람이 『반야바라밀경』 혹은 사구게 등을 받들어 독송하고 다른 사람을 위해 말해 준다면, 앞사람의 복덕은 이 사람의 백분의 일이나 백천만 억분의 일도 되지 아니하며 혹은 그 어떤 숫자에도 미칠 수가 없느니라."[3]

쉬운 말로 풀이하면 이 세상에서 에베레스트산을 덮을 만큼의 많은 재물로 보시를 한 사람과 『금강반야바라밀경』을 읽고 그 뜻을 가르치고 전파하는 사람, 둘 중에 복이 더 큰 사람이 누구냐고 묻는다면 그것은 바로 후자라는 뜻이다.

이렇게 얘기하면 학생들은 놀라기도 하고, 말도 안 된다는 표정을 짓기도 한다.

먼저 놀라는 이유는 '보시'에 특별히 큰돈이 필요한 게 아니라는 사실 때문이다. 그저 경전을 묵상하고, 독송하고, 필사하고, 그것을 가르치는 일만으로도 '보시'할 수 있다는 점, 이로써 쌓는 복이 전자보다 훨씬 더 크다는 점에 다들 놀란다.

말도 안 된다는 표정을 지으며 의심하는 이유는 본래 불교란 평등을 강조하는 종교로 차별 없이 만물을 대해야 하기 때문이다. 그런데 이렇게 비교하는 자체가 벌써 불공평하고, 게다가 정말 큰돈을 기부해서 '보시'한 부자들의 경우 억울하지 않겠느냐는 거다.

내가 『금강경』을 여러 차례 읽고 다른 불교 문헌을 읽으면서 깨달은 바로는, 석가모니는 더 많은 사람이 경전을 읽고 깨닫게 하려고 때마다 적절한 비유의 형식으로 그것을 설명했다. 위에 등장한 형식의 비교는 진짜로 높고 낮음을 가르고 구분하려는 것이 아니라, 문장을 나누고 해석하기 위해 사용한 비유법이다.

---

3 若三千大千世界中, 所有諸須彌山王, 如是等七寶聚, 有人持用布施; 若人以此『般若波羅蜜經』, 乃至四句偈等, 受持讀誦, 為他人說, 於前福德百分不及一, 百千萬億分, 乃至算數譬喻所不能及. 『福智無比分 第二十四』.

요즘 자주 사용하는 '영향력'이나 '가성비'로 따지자면 '법보시'야말로 가장 효과가 좋다. 하지만 모든 사람은 각기 저마다의 재능과 조건을 지녔다. 돈이 많은 사람이 있고 재능이 많은 사람이 따로 있는 것처럼, 본인이 가진 것을 활용해 선한 지식을 베풀면 그만이다. 게다가 '보시'의 형태가 모두 달라도 그것은 하나로 연결되어 있다. 가령 누군가 경전을 인쇄하고 구매할 수 있게 돈을 기부하면, 누군가는 그 경전으로 필요한 사람들에게 강연을 하고 지혜를 전한다. 이렇게 재물로 하는 보시와 계율을 전하는 보시의 의미와 가치가 하나로 연결되는 것이다.

보시란 아집을 내려놓는 과정이다

『금강경』에서는 재물로 하는 보시와 몸으로 하는 보시, 법으로 하는 보시 외에도 그 어떤 형식에도 제한받지 않는 '무상보시'의 개념이 등장한다. 누군가를 위해 자신의 것을 버리고 내어 주는 사람은 '베푸는 사람'이라는 뜻의 '시자施者'라는 표현을 쓰고, 그것을 받는 사람은 '수자受者'라고 표현한다. 하지만 이때 무엇을 주고받았는지는 중요하지 않다. 설령 그것이 복이라고 해도 말이다. 주고 또 받고, 되돌려 주고 다시 받는 과정이 반복되면 결국 아무것도 남지 않으니, 무엇에도 집착할 필요가 없다.

석가모니의 이러한 '보시'에 대한 해석 방법은 큰 지혜가 담긴 가르침이다. 먼저 서로 다른 차원, 누구는 어마어마한 재산으로, 누구는 법을 가르치는 것으로 '보시'의 예를 든 뒤, 거기에 대한 결론을 지으면서 깨달음을 주는 방법으로 제자들에게 '공空'의 진리를 설파한다. 이로써 마음이 완강하던 사람도 결국에는 지혜를 얻어 모든 걸 내려놓게 한다.

<u>누군가를 돕는 건 정말 좋은 일이다. 그런데 이 역시 심사숙고를 거쳐야, 한순간의 객기나 충동적인 영웅 심리로 나서는 일을 막을 수 있다.</u> 좋은 일을 해 놓고도 남들에게 비난받는 사람들이 있으니 참으로 안타까운 일이다.

연숙은 얼마 전 동네에 국수 가게를 열었다. 입소문을 타고 손님이 점점 많아져서 장사가 꽤 잘 되었다. 연숙은 이참에 착한 일이나 하나 했으면 좋겠다 싶어 '1+1 결제' 행사를 했다. 여유 있는 손님이 국수 두 그릇 값을 계산해 한 그릇은 본인이 먹고, 한 그릇은 불우한 이웃에게 나눠 주자는 취지였다. 사람들은 좋은 생각이라고 맞장구를 쳐 줬다. 그러나 생각만 앞섰지, 계획을 제대로 짜지 않았던 탓에 얼마 지나지 않아 장사는 엉망진창이 되었다. 공짜를 좋아하는 사람들이 마구잡이로 찾아와 국수를 먹고, 계산도 하지 않은 채 나가 버리는 일이 잦았던 것이다.

속앓이를 하던 연숙은 어떻게 해야 할지 고민이었다. 그러다가 돌연 깨달음이 왔다. '생선을 주는 것보다 생선 잡는 법을 알려 주는 게 낫지!' 이에 그녀는 '1+1 결제' 행사를 접고 일자리를 만들기 시작했다. 주로 소년 가장이나 한부모 가정 아이들을 모집해 월급을 주고, 끼니도 해결해 주었다. 더 많은 사람을 도울 수 없어 안타깝긴 했지만, 최소한 아이들이 직접 일을 해서 먹고사는 문제를 해결하게 했다는 데 위안을 얻었다.

제3장

보이는 것에 얽매이지 않고 베푸는 삶, 무상보시

누군가를 가르쳐 바로잡는다는 생각을 버려야 한다

물고기를 잡아 주면 그 즉시 그 사람의 배고픔을 해결해 줄 수 있다. 그런데 낚싯대를 쥐여 주면 한 끼의 식사가 아닌 삶을 영위할 방법을 알려 줄 수 있다. 물고기를 잡는 법으로 무궁한 희망을 얻는 것이다.

성적이 좋은 학생이 시험을 앞두고 본인의 공부를 다 끝낸 뒤 아직 마무리하지 못한 다른 친구를 가르쳐 주는 경우가 있다. 그러면 그 과정에서 본인이 한 번 더 내용을 상기하고 숙지하기 때문에 더 좋은 결과를 얻는다. 가르쳐 주는 건 서로에게 좋은 일이다. 잃는 것보다 얻는 게 훨씬 많다.

가정 교육도 마찬가지다. 말로만 끝없이 잔소리를 늘어놓는 것보다는 몸소 시범을 보이는 편이 훨씬 빠르고 효과도 좋다. 그리고 이보다 더 좋은 최고의 교육은 본인이 실천하면서도 무언가를 가르치고 있다고 생각하지 않는 것이다.

마찬가지로 최고의 베풂은 주는 사람이나 받는 사람이나 서로 부담되지 않는 베풂이다. 같이 물에 빠졌을 때 서로를 구해 주는 것보다 각자의 자리에서 헤엄치는 것이 낫다.

누군가에게 은혜를 입었는가? 그에게 감사하다고 절하며 보답하는 것보다는 주위를 둘러 보며 더 많은 사람을 도와주는 편이 훨씬 값지다. 당신을 도와준 사람도 그걸 바랄 것이다.

금강경 한 구절

시복덕, 즉비복덕성. 시고여래설복덕다.

是福德, 即非福德性. 是故如來說福德多.

『금강경·의법출생 제8분 金剛經·依法出生分第八』

해석 재물을 베풀어 복을 얻는 것은 형태가 있는 유형의 '보시'이니 이른바 복을 얻는 것이다. 하지만 그것은 진정한 복의 본성이 아니니라. 다만 세상 사람들이 '보시'의 의미를 잘 이해하도록 비유한 것이기에, 여래는 '이 사람이 이런 고로 많은 복을 얻은 것이라' 말하는 것이니라.

마음에 와닿는 문장을 필사해 봅시다.

복을 쌓아
죄업을 맑게 하라

아버지가 돌연 세상을 떠나신 뒤 나는 살면서 한 번도 겪어 보지 못했던 큰 슬픔에 빠졌다. 슬픔을 이겨 내기 위해 삶과 죽음에 관해 공부하기 시작했고, 불교에서 말하는 번뇌와 해탈을 파고들기 시작했다. 그 과정에서 경전을 필사하고 독송하면서 돌아가신 아버지를 추억하고 요양 중인 어머니를 축복했다. 매일, 매시간이 수행의 과정이고 훈련이었다.

처음에는 아는 것이 많지 않아 다른 사람의 말에 현혹되기도 했다. 그러던 어느 날, 텔레비전 프로그램에 나온 한 법사의 강연을 들었는데, 그에 따르면 운전 중에 불경을 들으면 차체가 매우 무거워진다고 했다. 길을 따라가는 동안 십법계十法界4 중생들이 모두 따라와 불경을 함께 듣기

---

4 지옥, 아귀, 축생, 아수라, 인간, 천상, 성문, 연각, 보살, 불계 열 가지를 중생의 미혹과 깨달음의 정도에 따라 분류한 것.

때문이라는 것이었다. 법사의 이야기를 그 자리에서 판단하긴 어려웠지만, 그 후로 마음이 어지러워져서 경전을 읽고 수행하는 데 어려움이 따랐다.

그해 청명절5 연휴에는 가족들과 함께 아버지 산소를 찾았다. 통상 그러하듯 묘 앞에서 『아미타경 阿彌陀經』을 소리 내어 읽는데 갑자기 그 법사가 했던 말이 떠올라 걱정이 되기 시작했다. 지금 경전을 읽는 동안 묘지에 있는 죽은 자들의 영혼이 경전을 듣기 위해 몰려오는 건 아닌지 염려되었다.

성묘를 마치고 한참을 걸어 내려왔다. 하산했을 때는 벌써 점심시간이었다. 나는 먼저 가족들을 길 건너에 있는 식당에 데려다주고 가까운 주차장을 찾아 나섰다. 커브 길을 도는데 갑자기 오토바이 한 대가 미처 보지 못한 사각지대에서 튀어나왔다. 바로 핸들을 꺾었지만, 충돌을 피하지 못했고, 오토바이를 몰던 청년은 그대로 땅에 '쿵' 소리를 내며 쓰러졌다. 그 찰나의 순간 벌어진 일을 제대로 인식하는 데는 몇 초가 걸렸다. 갑자기 법사의 말이 다시 떠올랐고 '혹시 묘지에서 경전을 읽어서 액운을 불러왔나?' 하는 생각까지 들었다.

허둥지둥 차에서 내려 상황을 살핀 뒤 곧바로 경찰서와 119에 전화를 걸려고 하는데 갑자기 청년이 자리에서 벌떡 일어서더니 황급히 나를 말렸다.

"선생님, 저 괜찮아요. 제발 경찰에는 전화하지 마세요. 저 다친 데 없

---

5 중국의 명절로 집안 어른들의 산소를 찾아뵙는 풍습이 있다.

고, 보아하니 선생님 차도 멀쩡한 거 같은데 그냥 없었던 일로 해 주세요."

 그의 몸 상태를 확인하고 다친 곳이 없다는 걸 재차 확인한 뒤 나는 차에서 종이와 펜을 꺼내 현장에서 합의서를 쓰고 사인을 했다. 그는 무면허 운전자였다. 그래서 내가 경찰에 연락하는 걸 한사코 말린 것이었다. 그는 중풍으로 쓰러진 아버지를 혼자 돌보고 있다고 했다. 잠깐 점심거리를 사러 나왔다가 사고가 난 것이었다. 그렇게 우리는 그 봉변 속에서 빠져나왔다. 돌이켜 생각해 보니 평소에 경전을 독송하고 필사하면서 쌓은 복 덕분에 순조롭게 사고를 마무리할 수 있지 않았나 하는 생각이 들었다.

굳건한 신념으로 부단히 수련하여 죄업을 청산하라

 항간에 떠도는 말에 따르면 『반야심경』이나 『금강경』 등의 불교 경전을 필사하거나 독송하고, 수련하여 전파하는 것으로 덕을 쌓아 죄업[6]을 없앨 수 있다고 한다. 그러나 그 떠도는 말을 반신반의하는 사람도 많고, 또 다른 말들에 휩쓸려 시작하지 않는 사람도 부지기수다. 수련을 잘 하지 않으면 보이지 않는 무형의 영혼들이 와서 복을 가로챈다는 말도 있고, 경전을 필사하고 독송하는 시간이나 장소가 적절하지 않으면 요물이나 요괴 등이 그 복을 가로챈다는 설도 있다.

---

6 자신과 남에게 해가 되는 그릇된 행위와 말과 생각.

『금강경』을 본격적으로 연구하면서 나는 석가모니가 이에 대해 명쾌한 해답을 이미 내놓았다는 걸 알게 되었다. 경전에 따르면 필사나 독송, 수련, 전파 등으로 덕을 쌓아 죄업을 청산할 수 있다.

"만일 선남자, 선여인이 이 경을 받들어 독송함으로 인하여 다른 사람에게 업신여김을 당한다면, 이 사람이 전생의 죄업으로는 응당 삼악도[7]에 떨어질 것이지만, 금생에 남에게 업신여김을 당한 까닭에 전생의 죄업이 바로 소멸하고 반드시 아뇩다라삼먁삼보리라는 최상의 깨달음을 얻게 되리라."[8]

쉬운 말로 풀이하면 경전을 받들어 독송하고 묵상한다고 해도 사람들에게 공경을 받기는커녕 무시나 비난을 받을 수 있다. 그런데 그 사람은 전생의 죄업이 엄중했기 때문에 이번 생에는 삼악도와 같은 지옥에서 고통을 받아야만 하지만, 경전을 독송함으로 그 죄업을 덜어내고 사람들의 무시를 받음으로 전생의 과오를 청산할 수 있다. 그러니 보이지 않는 무형의 영혼이 복을 가로챌까 봐 걱정할 필요가 전혀 없고, 그저 자신의 죄업이 하루빨리 소멸하기를 바라는 것이 낫다.

열심히 수행하며 선행을 많이 하는데도 운이 따르지 않는 것 같고 도리어 나쁜 일만 일어나는 느낌이 드는가? 설사 그렇다고 해도 절대 기죽

---

[7] 악업에 의해 생겨나는 지옥, 아귀, 축생의 세 가지 세계. 각각을 지옥도, 아귀도, 축생도라고도 부른다.
[8] 善男子, 善女人, 受持讀誦此經, 若爲人輕賤, 是人先世罪業, 應墮惡道. 以今世人輕賤故, 先世罪業, 即爲消滅, 當得阿耨多羅三藐三菩提. 『能淨業障分第十六』.

거나 포기하지 말자. 온 우주의 섭리를 우리가 다 알 수는 없지만, 그로써 당신은 수많은 죄업을 상환하고 청산했다는 사실을 기억하길 바란다.

금강경 한 구절

受持讀誦此經, 若爲人輕賤, 是人先世罪業, 應墮惡道. 以今世人輕賤故, 先世罪業, 卽爲消滅, 當得阿耨多羅三藐三菩提.

수지독송차경, 약위인경천, 시인선세죄업, 응타악도. 이금세인경천고, 선세죄업, 즉위소멸, 당득아뇩다라삼먁삼보리.

『금강경·능정업장 제16분 金剛經·能淨業障分第十六』

해석 마음을 다해 『금강반야바라밀경』을 읽고 수행하면 오히려 다른 사람의 조소와 멸시를 받나니, 그 사람은 전생의 죄업이 심하여 삼악도에 빠질 운명이었으나, 현세에 사람들의 무시와 괄시를 받음으로 그 죄업을 모두 청산하게 되느니라. 이로써 최고의 깨달음을 얻을 수 있느니라.

마음에 와닿는 문장을 필사해 봅시다.

덜어내는 방식으로
사랑하라

민영은 자선 활동에 진심이다. 오랫동안 국제 기구를 통해 난민 아동을 후원했고, 십여 년간 빈곤 가정 학생들을 경제적으로 지원했다. 그렇게 세 명의 아이가 초등학교부터 대학교까지 학업을 마칠 수 있도록 후원했다.

규정에 따르면 매년 후원하는 아이를 바꿔야 했지만, 민영은 그러지 않았다. 게다가 운 좋게도 몇몇 아이와는 꾸준히 연락을 주고받으며 어떻게 성장하는지 볼 수 있었다.

아이들이 무사히 대학을 마친 후 졸업 사진을 보내왔을 때 민영은 벅차오르는 감정을 숨기지 못했다.

비록 바다 건너 멀리 떨어져 있는 데다 아무런 혈연관계도 없는 아이들이지만, 그들에게 정말 필요한 게 뭔지 민영은 느낄 수 있었다. 하지만 아이러니하게도 자기 자식에게는 그렇지 못했다. 그녀는 자식에 대한 통제욕이 심한 편이었고, 다행히도 스스로 그걸 잘 알고 있었다.

그녀의 아들은 올해 국공립대학에 입학했다. 그러나 본인이 원하는 학과에 진학하지 못해 결국 한 학기만 다니고 휴학을 하더니, 학업을 중단하고 해외로 나가고 싶다고 했다.

민영은 아들이 우선 국내에서 대학 공부를 다 마쳤으면 했다. 그녀 생각에 4년은 생각보다 빠르게 흘러가는 시간이고, 어쨌든 이 대학의 학위가 있어야 해외 명문대학 석사 과정을 신청하든, 아니면 국내에서 취업하든 조금이나마 유리할 것 같았기 때문이었다.

아들과 의견 차이가 있다 보니 둘은 대화를 오래 하지 못했다. 속상하고 답답한 마음에 민영은 자신을 돌아보기 시작했다. 사실 그녀도 알았다. 자신의 무의식에 잘못된 생각이 깔려 있다는 걸. '학비도 생활비도 다 내가 대 주는데 감히 내 의견을 따르지 않고 멋대로 행동해?' 그녀는 이 잘못된 무의식에서 빠져나와야 한다고 생각했지만, 좀처럼 쉽지 않았다.

고민 끝에 그녀는 나를 찾아와 어떻게 하는 것이 좋을지 물었다. "진정한 사랑은 그 사람이 그 자신으로 살 수 있게 해 주는 거예요."

조금의 망설임도 없는 나의 대답에 그녀는 미간을 찌푸렸다. 마음의 상처를 입은 듯했다. 나는 『금강경』의 한 구절을 읊었다.

"만약 보살이 마음을 어떤 관념에 머물러 보시하는 것은, 마치 어떤 사람이 캄캄한 곳에 들어가서 아무것도 볼 수 없는 것과 같으니라. 만약 보살이 마음을 어떤 관념에 머물지 않고 보시하는 것은, 마치 사람에게 밝은 눈이 있고 햇살도 밝게 비쳐서 온갖 물체

제3장

보이는 것에 얽매이지 않고 베푸는 삶, 무상보시

를 다 볼 수 있는 것과 같으니라."⁹

쉽게 풀이하면 어떤 하나의 생각에 갇혀서 '보시'하는 사람은 어두운 동굴 속에 갇혀 있는 것과 같아서 아무것도 눈에 보이지 않는다. 그러나 <u>고정적인 형식에 얽매이지 않고 '보시'하는 사람은 햇살이 충만한 오후에 밝은 눈으로 세상 만물을 뚜렷하게 볼 수 있는 것과 같다.</u>

그녀는 이 해설을 들은 뒤 고개를 주억거렸다. 그러고는 집에 돌아가 아들의 속내를 진심으로 경청하고 그 결정을 존중해 주어야겠다고 다짐했다.

한 걸음 멀리서 보면 더 잘 보이는 인생

우리는 누군가를 위해 헌신할 때 '더하는' 방법에서 출발한다. '내가 그를 위해 뭘 더 해 줄 수 있을까?'라는 생각으로 도움을 주거나 베푼다. '빼는' 방향으로 생각하는 사람은 거의 없다. '내 아집과 번뇌를 줄이려면 어떻게 하는 게 좋을까?'에서 출발하지 않는다는 말이다.

그런데 보통 가까운 사이일수록 우리는 '넘치는 사랑'을 주려고 한다. 혹시나 내가 준 사랑이 모자라진 않을까, 부족하진 않을까 염려하고 걱정한다. 그러다가 상대방이 '이제 그만하면 됐다'고, 숨을 쉬지 못하겠다고 호소하면 실망하고 심지어 분노한다. 그렇게 양쪽의 관계는 틀어지

---

9 若菩薩心住於法而行布施, 如人入闇, 即無所見; 若菩薩心不住法而行布施, 如人有目, 日光明照, 見種種色.

고 아픔만 남는다.

  그 이유는 지극히 개인적인 입장에서 생각하고 결정해서 상대를 도와주기 때문이다. 심지어 내가 그 사람을 위해 해 줄 수 있는 게 아무것도 없다는 생각에 전전긍긍하기도 하는데, 그건 내 안에 자아가 생생하게 살아 숨쉬기 때문이다. 다시 말해 상대를 도와주는 것 같지만, 사실은 내가 더 앞서 있고 나를 더 중요하게 생각하는 것이다. 일단 '내가 이렇게 해 주는 게 그 사람에게 이익이야!'라고 생각하는 순간, 이것이 바로 '어떤 관념에 머물며 보시하는 것'이 되므로 번뇌가 일어난다. 눈이 가려지고 마음이 좁아지기 때문에 모든 결정의 본질이 흐려지고 결국 나와 상대방 모두에게 상처를 입힌다.

  내가 눈앞의 일만 보고 결정하면 아주 단편적인 관점에서 이해득실을 따지게 된다. 그래서 큰 그림을 그릴 수 없고 오로지 그 일에만 시야가 제한된다. 바둑 게임을 생각하면 쉽다. 정작 이겨야 한다는 생각에 사로잡혀 바둑을 두면 판을 크게 보기 어렵다. 당장 눈앞의 수에 자꾸만 연연하게 되기 때문이다. 그러나 멀리서 게임을 보는 관중은 그렇지 않다. 한발 앞서서 어디에 돌을 놔야 할지가 보인다. '방관자'의 삶이 되면 그렇다.

  부디 여러분도 '방관자'의 마음으로 누군가를 도와주길 바란다. 그것이 바로 당신의 삶이 편안해지는 비결이다.

제3장

보이는 것에 얽매이지 않고 베푸는 삶, 무상보시

금강경 한 구절

약보살심불주법이행보시, 여인유목, 일광명조, 견종종색.

若菩薩心不住法而行布施, 如人有目, 日光明照, 見種種色.

『금강경·이상적멸 제14분 金剛經·離相寂滅分第十四』

해석 보이는 것에 집착하지 않고 보시를 베푸는 것은 눈이 번쩍 뜨인 것과 같고, 찬란한 햇살 아래서 만물의 형형색색을 훤히 볼 수 있는 것과 같다.

마음에 와닿는 문장을 필사해 봅시다.

제4장

어디에도
머무르지 않는 삶,
무주생활 無住生活

집념을 내려놓을 때
진정으로 누리는 자유

◆ 세상은 늘 변한다.

망상을 버리고

아집을 끊어내는 것만이

자유를 누리는 방법이다.

"환경과 조건에 얼마나

영향을 받느냐는

사람마다 다르다.

중요한 건

그 사람의 마음 상태이다."

"생각이란 시간의 흐름에 따라
수시로 변하나니
모든 것은 망상에
지나지 않으므로
집착할 필요가 없다."

당신이 있는 그곳에
곧 부처가 있나니

몇 년 전, 한 시골 학교의 초청으로 강연을 하러 가게 되었다. 워낙 오래된 학교라 건물이 낡은 데다가 그해 태풍의 영향으로 여기저기 성한 곳이 하나도 없었다. 제대로 된 강단은커녕 교실 천장은 절반이 날아간 상태였고, 창문은 깨진 게 훨씬 더 많아 그 틈으로 뜨거운 바람이 훅훅 들어왔다. 특별했던 풍경 덕분인지 오랜 시간이 흘렀는데도 그때의 기억이 선명하다.

나중에 시간이 흐르고 다시 그 학교를 방문할 기회가 있었는데, 그땐 학교 전체가 리모델링을 해서 완전히 다른 모습이었다. 새롭게 단장한 학교 강단 위에 서니 마음이 남달랐다. 그때와 똑같은 장소, 똑같은 공간에 타임슬립을 해서 날아온 것 같았다. 나는 그 어느 때보다 열심히, 진지하게 강연했다. 그런데 문득, 이런 생각이 떠올랐다. '교육에 대한 나의 열정은 그때와 똑같은가? 나는 초심을 유지하고 있는가?'

열정은 수그러들지 않았지만, 뭔가 다른 것은 분명했다. 어제와 오늘의 내가 다른데, 십 년 전의 나와 지금의 내가 같을 수는 없었다. 결국 나의 변화에 집착하는 것보다는 늙어 가는 것, 시간의 흐름을 인정하고 순복할 수밖에 없었다. 자기 수행의 길에서 그 사실을 똑바로 인식하면 더 정확한 방향으로 나아갈 수 있을 듯했다.

사람이 무언가를 할 때 외부 환경의 제약과 영향을 받을까? 나는 그 정도가 사람마다 다 다르다고 생각한다. 중요한 건 개인의 결심, 마음 상태다.

자기 수행의 일환으로 많은 이가 경전을 읽고 필사하지만, 그럴 때 여러 망상과 잡념, 공포심이 떠오르는 건 어쩔 수 없다. "침대에서 경전을 읽어도 되나요?" "밤에 필사해도 되나요?" "경전을 읽거나 필사할 때 특히 조심해야 할 일은 뭔가요?" 내가 정말 자주 듣는 질문들이다. 전부 유익하고 좋은 질문들인데, 재밌는 건 나는 젊을 때 그렇게 많은 생각을 하지 않았던 것 같다. 그냥 하고 싶은 게 있으면 바로 행동에 나섰다. 그래도 큰 실수를 저지르거나 문제에 시달린 적은 없었다.

그런데 몇 차례의 신기한 경험을 한 뒤로는 비교적 보수적인 성향으로 변했고, 보다 신중하게 행동하고 결정하는 일이 많아졌다. 또 세간에 떠도는 소리에도 영향을 많이 받았다. 가령 경전을 읽을 때 유형 혹은 무형의 중생이 와서 함께 들을 수 있는데 만일 내 수행이 부족하면 액운에 휘말릴 수 있다는 이야기, 경전은 최대한 밤에 필사하지 않는 게 좋다는 이야기, 그렇지 않으면 나와 상관없는 영혼들이 몰려와서 필사로 쌓은 덕을 앗아가고 내 에너지를 소모하게 만든다는 이야기 등이었다.

이렇듯 경전을 읽거나 필사할 때 지켜야 할 세간의 '금기'들은 듣기만 해도 소름 끼치고 무서운 것들이 많았다. 더군다나 출가한 스님들까지 진지하게 비슷한 이야기를 일러 주는 경우가 많아서 쉽게 흘려듣기가 어려웠다.

세상 모든 일은 마음에 달렸다

몇 년 동안 경전을 공부하고 연구했지만, 나는 "침대에서 경전을 읽어도 되나요?" "밤에 필사해도 되나요?"와 같은 질문에 뭐라 정확하게 답을 줄 수는 없다. 그러나 심리적인 요인에 근거해서 판단해 보면 나의 원칙은 <u>편안하고 조용한 환경에서 집중할 수만 있다면 어디서든 경전을 읽고 필사해도 좋다</u>는 것이다.

침대는 좁고, 회사는 경전 읽기에는 마땅치 않다는 등의 환경적 요인에 제한받다 보면 결국 경전을 읽거나 필사할 때 근심 걱정이 생길 수밖에 없다. 수행에 진정으로 영향을 주는 건 물리적인 공간이나 환경, 혹은 시간이 아니라 마음속 근심이나 두려움이다. 아무리 아름답고 즐거운 일이 일어나도 그걸 요괴나 귀신과 연결 지어 생각하면 곧 불행한 일이 되어 버리고 만다.

이성적으로 생각하면 '침대에서는 경전을 읽으면 안 된다'라든가 '밤에는 경전을 필사해서는 안 된다'라는 말이 떠도는 이유는 간단하다. 쉽게 잠이 와서 집중할 수 없기 때문이다. 시험공부를 해야 하는데 앞에 침대가 있으면 '조금만 자고 일어나서 할까?' 같은 생각이 드는 것처럼 말이다. 그러니 이런 항간의 소문은 그리 신경 쓸 필요가 없다. 또 사람들이 '경건하지 않으면 덕을 쌓을 수 없다'라는 등의 걱정을 많이 하는데, 이에 대한 대답은 이미 『금강경』에 나와 있다.

> "만일 이 경전이 있는 곳이라면 바로 부처가 있고, 존중받는 제자가 있는 곳과 같이 되리라!"[1]

즉, 경전이 있는 곳에 부처가 있고, 거기에 부처와 같이 존경받는 제자들이 함께 존재한다는 뜻이다. 일부 학자들은 여기에 등장하는 '부처佛'는 석가모니가 아니라 '깨달음'의 뜻이라고 주장하기도 한다. 불경에 대한 해석은 각자 다를 수 있기에 여기서는 논하지 않기로 한다. 그렇지 않으면 무엇이 맞고 틀린지 가르려는 집념과 아집에 휩싸일 수 있기 때문이다. 그러나 경전을 소중히 받드는 사람의 입장에서 보면 두 해석은 결국 같은 의미로 이어진다.

나는 모든 사람의 마음이 곧 신성한 성전이라고 믿는다. <u>경전을 읽고 또 필사하는 과정에서 근심과 걱정이 사라진다면 그곳이 어디든 거기가 바로 불당이요, 그곳에 찬란한 빛이 비칠 것이다.</u>

"경전을 읽고 덕을 얻으려면 특히 뭘 조심해야 할까?"라는 질문에 대한 대답은 결국 하나다. "특별히 조심해야 할 것은 없다." 설령 경전을 읽고 필사하여 쌓은 공덕을 유형 또는 무형의 중생에게 나눠 준다고 할지

---

[1] 若是經典所在之處, 卽爲有佛, 若尊重弟子.

라도 올바른 방향으로만 윤회한다면 당신에게 손해가 되거나 상처 입힐 일은 없다.

불교에서 가르치는 것은 하나다. <u>복을 간절히 빌지 않을 때 비로소 복은 저절로 굴러온다.</u> 복에 연연하지 않고, 내가 뭘 얻고 잃었는지 따지지 않으며, 그저 수행하는 마음으로 경전을 읽고 필사하면 마음이 평안해진다. 먹고 자고 입는 것에 대한 두려움도 내려놓을 수 있다. 다른 사람의 공로를 빼앗거나 쉽게 살고자 하는 마음도 사라진다. 일단 이러한 번뇌가 일어나기 시작하면 마음이 어지러워지고 잡념과 망상에 시달린다.

이런 마음 상태로 경전을 읽고 필사하는 건 아무런 소용이 없다. 그것은 그저 형식적인 것이 되어 경전의 진정한 의미를 이해하고 실천하는 데 방해만 될 뿐이다. 스스로 물어보자. '경전을 읽고 필사하는 진정한 의미가 무엇인가? 나는 이걸 왜 하려고 하는가?' 만일 이것으로 내면의 공포와 두려움을 없애고 무의식에 존재하는 결핍과 공허함을 채우기 위해서라면, 부디 포기하지 말고 묵묵히 이어 나가길 바란다.

금강경 한 구절

약시경전소재지처, 즉위유불, 약존중제자.

若是經典所在之處, 即為有佛, 若尊重弟子.

『금강경·존중정교 제12분 金剛經·尊重正教分第十二』

해석 『반야심경』이 있는 곳에 곧 부처가 있고, 부처의 신성한 제자들이 함께하나니 공경하고 존중해야 할 것이다.

마음에 와닿는 문장을 필사해 봅시다.

'절대로', '반드시'의
삶은 없다

　　　　　　　　　사건 사고가 끊임없이 일어나 '무탈한 삶이 제일'이라고 여기는 오늘날, 우리는 어떻게 살아야 평온할까? '변하지 않는 것으로 만 가지 변화에 대처하는 以不變應萬變' 것이 답일까?
　천재지변은 고사하고 나처럼 집안에 아픈 가족이 있는 경우에는 '무탈한 삶'을 사는 것 하나만도 벅차게 느껴질 때가 있다. '자라 보고 놀란 가슴 솥뚜껑 보고 놀란다'고 건강에 조금이라도 이상 신호가 나타나면, 더군다나 그게 부모님의 경우라면 가슴이 철렁해 바로 병원으로 달려간다. 미리미리 마음의 준비를 하고 늘 대기 상태로 있어야 한다. 그렇지 않으면 미처 손을 쓰지도 못한 사이 큰일이 일어날 수 있기 때문이다.
　며칠 전의 일이다. 친구가 아주 유명한 떡집에서 판매하는 약식을 보내왔다. 너무 인기가 많아 평소에는 잘 사 먹지도 못하는 귀한 음식이었다. 어머니는 떡과 약식을 너무 좋아해서 계절을 가리지 않고 늘 집에 쟁여 두고 살았다.

바로 꺼내 찜통에 넣으니 고소하고 향긋한 약식 냄새가 온 집안을 가득 채웠다. 찜통에서 꺼내 한 김 식을 때까지 기다렸다. 어머니는 세상에서 제일 긴 시간이 맛있는 걸 눈앞에 두고 기다릴 때라고 하셨다.

예쁜 접시에 담아 식탁에 올려 어머니와 함께 동시에 한 입 베어 물었다. "정말 쫀득하고 맛있구나!" 만족스러운 미소를 짓는 어머니의 얼굴을 보니 웃음이 나왔다. "어쩜 이렇게 재료가 알차게 들어 있다니!" 어머니는 한동안 배를 곯은 사람처럼 맛있게 드셨다. "밤이 이렇게나 크다니!" 그러고는 한 입 더 베어 물려는데 하얗고 단단한 무언가가 떨어져 나왔다. 어머니의 어금니였다. 불안한 마음이 엄습했다. 앞으로 최소 일주일 동안 어머니는 맛있는 음식을 드시지 못할 것이다. 한껏 예민해지고 짜증이 많아질 것이다. 그런 생각이 들자 나는 순간적으로 바로 행동을 개시해야 한다는 걸 직감했다.

갑자기 일어난 '돌발 상황'은 하루 일정을 엉망으로 만들었을 뿐 아니라 그 뒤 한 달가량의 일정에도 영향을 미쳤다. 어머니는 본인이 익숙한, 지정한 치과에서만 치료를 받길 원했고, 치과 치료를 받느라 다른 병원 진료 일정까지 새로 조정해야 했다. 거기에 내 업무 스케줄도 조정해야 해서 시간과 에너지를 많이 소비해야만 했다.

그 모습을 안타깝게 여긴 친구는 물었다. "그냥 동네 치과에 가서 일단 빨리 치료받으면 되지. 왜 굳이 어머니가 꼭 고집하는 그 치과에 가서 치료를 받는 거야? 힘들게."

그의 말이 틀린 건 아니다. 하지만 어머니도 그럴만한 이유가 있었다.

제4장

어디에도 머무르지 않는 삶, 무주생활

예전에 잘 모르는 치과에 갔다가 의사가 돈만 잔뜩 받아먹고 제대로 치료를 해 주지 않아서 한참을 고생한 경험이 있었기 때문이다. 그런 일이 있다 보니 나도 어머니의 고집을 순순히 따를 수밖에 없었다.

같은 치료법이라도 사람마다 결과는 다르게 나타난다

어머니는 인슐린이 상대적으로 부족한 제2형 당뇨병 환자이기 때문에 혈당 조절에 특히 주의를 기울여야 한다. 평소에는 찹쌀로 된 음식을 입에도 대지 못하게 하는데 어쩌다가 한 번 먹은 그 약식이 이 사달을 낼 줄 누가 알았겠는가. 고령의, 아흔에 가까운 노인에겐 치아 하나하나가 그 어떤 보석보다도 소중하거늘. 그러나 치아도 우리의 청춘과 같아서 한 번 지나가면 돌이킬 수 없다.

현미도 예외는 아니었다. 예전에 어머니의 혈당을 낮추려고 인터넷에서 열심히 정보를 검색해 보았더니, 당뇨병 환자들은 현미를 먹는 게 좋다고 했다. 그 후로는 아예 흰 쌀밥은 하지 않고 매일 세 끼 현미로만 밥을 지었다. 그런데 그게 신장 기능이 안 좋은 어머니에게는 적절하지 않다는 걸 몇 년이 지난 뒤에야 알았다.

<u>누군가에게는 약이 되는 음식이 누군가에게는 독이 될 수도 있다.</u>

라디오 프로그램을 하다 보면 한의사들을 많이 만난다. 그들에게 한의학과 서양의학의 가장 큰 차이가 무엇인지 물었다. 절대적인 대답은 아니지만, 그들의 대답을 하나로 추려서 정리하자면 한의학은 '사람'을 치료하는 데 중점을 두고, 서양의학은 '병'을 치료하는 데 중점을 둔다.

치료의 중점을 '사람'에 두면 어떤 병에 걸렸을 때 사람에 따라 처방전이 달라진다. 모든 사람의 체질과 기질은 다르기 때문이다.

이 사실을 알고 난 후 나는 특정한 방법에 집착해서는 안 된다는 걸 깨달았다. 아무리 기존에 성공한 방법일지라도 모든 사례에 맹목적으로 적용해서는 안 된다. 똑같은 처방을 내려도 다른 결과가 나올 수 있기 때문이다.

나는 어머니가 본인이 익숙한 치과에 가서 치료받는 걸 존중한다. 우리 어머니를 세심하게 돌봐주고 치료해 주는 그 치과 의사에게도 감사할 따름이다. 하지만 그 치과 의사도 이제 칠십을 넘긴 노인이다. 곧 은퇴를 해서 진료를 그만둘 것이다. 그러니 어머니도 마음의 준비를 해야 한다. 더는 집착해서는 안 된다. 그렇지 않으면 머지않아 치아뿐 아니라 마음도 아플 것이다.

방법이나 수단에 집착하지 말라

"여래께서 말씀하신 실체는 모두 취할 수도 없으며 말할 수도 없습니다. 실체가 아니며 실체가 아닌 것도 아닙니다. 왜냐하면 일체의 현자와 성인들은 아무것도 없음을 실체로 삼았기 때문에 범부凡夫[2]의 차별이 나옵니다."[3]

---

2 번뇌에 얽매여 생사를 초월하지 못하는 사람.
3 如來所說法, 皆不可取, 不可說; 非法, 非非法. 所以者何? 一切賢聖, 皆以無為法, 而有差別.

이것은 『금강경』에서 '무위법無爲法'과 '유위법有爲法'의 개념을 설명하는 구절이다. '무위법'이란 인연의 변화에 따라 나타나거나 사라지는 것이 아니다. 즉, 생사의 변화를 떠나 불변하는 참된 법으로 열반에 이르는 또 다른 표현법이라고 할 수 있다.

나는 이 구절을 통해 살면서 만나게 되는 문제들을 해결하는 방법에 대해 배웠다. 세상에는 변하지 않는 고정적인 형식이 존재하지 않는다. 때에 따라, 사람에 따라, 일어난 일에 따라 각기 다른 방법으로 해결해야 한다. 한의학에서는 비슷한 증상이라고 해도 사람의 체질에 따라 처방을 다르게 내린다. 그러니 하나의 방법에만 집착하지 않아야 한다. 일단 병세가 호전되면 그 방법은 내려놓아야 한다. 병이 완전히 치유되면 더는 약을 복용하지 않아도 된다.

<u>'반드시' '절대로' 해야 하는 것은 없다. 인생이 아름다운 이유는 셀 수 없이 다양한 모습이 존재하기 때문이다.</u>

세상은 수시로 변한다. 그러니 마음에 일어나는 망상을 없애고 집착을 내려놓아야 한다. 그것이 변화하는 세상 속에서 살아가는 지혜다.

그러나 문제를 해결할 수 있을지, 병이 나을 수 있을지는 그 사람이 그 과정에서 얼마나 배울지에 달려 있다. 똑같은 약이라도 사람마다 효과가 다르게 나타나는 것처럼 말이다. 그러니 우리가 해야 할 일은 몸과 마음을 잘 챙기는 것이다. 사람은 늙고 언젠가는 죽는다. 이 사실을 받아들여야 한다. 그러면 설령 병에 걸리더라도 평온한 마음으로 살아갈 수 있다.

금강경 한 구절

여래소설법, 개불가취, 불가설; 비법, 비비법. 소이자하? 일체현성, 개이무위법, 이유차별.

如來所說法, 皆不可取, 不可說; 非法, 非非法. 所以者何? 一切賢聖, 皆以無爲法, 而有差別.

『금강경·무득무설 제7분 金剛經·無得無說分第七』

해석 여래가 말씀하신 바를 표면적으로만 판단하여 멋대로 취할 수는 없다. 그것은 마음으로 터득하여 깨닫는 것으로, 말로 설명할 수 있는 것이 아니기 때문이다. 모든 것이 고정적으로 존재하는 현상이 아니므로 그것에 집착해서도 안 되고, 부정해서도 안 된다. 성인들은 인연의 변화에 연연하지 않고 그것을 초월한 '무위법'으로 수행하였으나, 각자의 수행 정도에 따라 깨닫는 바가 각기 달랐다.

마음에 와닿는 문장을 필사해 봅시다.

성공이란 보이지 않는
천장과도 같다

살면서 수없이 많은 좌절을 경험했지만, 가끔 목표를 이룬 적도 있었다. 생각해 보면 그건 무수한 실패가 쌓여서 이뤄낸 성공의 단면이었다. 나는 천성적으로 눈앞에 일어난 일을 순순히 받아들이는 사람이다. 그 일을 하늘에 원망하거나 흥정하지 않는다. 어떤 문제가 생기면 바로 어떻게 해결해야 할지 방법을 궁리한다. 결과가 어떻든 간에 일단 나의 반응은 그렇다.

물론 실패한 적이 성공한 적보다 훨씬 많다. 그럴 때마다 스스로 자책하고 비난하지 않는 게 불행 중 다행이다. 대학교에 들어가 '경영학'을 공부하면서 내가 실패를 대하는 자세가 긍정적인 편이라는 걸 알았다. 실패를 인정하고 받아들이는 순간이 바로 회복의 출발점이다. 실패는 한순간이다. 영원하지 않다. 자주 실패해도 괜찮다. 그 경험을 성장의 밑거름으로 삼으면 그만이다.

방금 말했던 것처럼 가끔 성공한 경험도 있었다. 그럴 때 나는 어떻게 반응했을까? 솔직히 말하면 평온했다. 기쁨과 환희도 잠시뿐, 나는 곧바로 평소의 생활로 돌아갔다.

예전에 나를 매우 아끼던 어른이 이런 말을 했었다. "이건 정말 아무나 할 수 있는 일이 아니야! 지금 이 기쁜 순간을 마음껏 즐겨야 해!" 그제야 나는 과도하게 겸손하고 위축되었던 태도를 바꿔 사람들의 축하와 격려를 받아들이려고 노력했다. 그러나 여전히 성과에 집착하지도 않고 성공의 횟수를 기록하지도 않는다. 그저 최선을 다한 자신을 격려하고 행운을 준 하늘에 감사하는 게 전부다. 정말 그게 다였다. 다음날이면 어김없이 해가 떠올라 새로운 하루가 시작되었고, 나는 다시 출발선에 서야만 했다.

어떤 프로젝트를 시작하면 최선을 다해 준비했다. 무리하게 잠을 줄여 가며 일할 때도 있었고, 그러다 보면 몸도 마음도 지치기 마련이었다. 그럴 때마다 마음속으로 '이번 일만 끝나면 잘 쉬고 잘 먹고 잘 놀아야지'라고 다짐했다가도, 막상 정말 일이 끝나면 기쁨도 잠시, 내가 맡은 책임을 다했으니 그걸로 됐다, 라는 생각만 들었다. 그런 경험이 몇 번이고 반복되었다.

성과에 심취하지 말고 초심을 유지하자

나는 힘들게 이뤄낸 성과에 오랫동안 심취하지 않고 신속하게 평정심을 되돌리는 성향을 갖고 있다. 그런데 『금강경』을 읽어 보면 석가모니와 수보리가 이와 비슷한 맥락의 대화를 나누는 걸 여러 곳에서 발견할 수 있다. 대략 논리는 이러하다. "이렇게 하면 수행의 성과를 얻을 수 있습니까?"라고 질문하면 보통 "그렇지 않다. 아무것도 얻지 못한다"라는 대답이 돌아온다. 이것은 석가모니가 수행의 성과를 부정한 게 아니라, 깨달음을 얻은 뒤에는 바로 내려놓아야 한다는 것을 가르치는 것으로 그 무엇에도 집착해서는 안 된다는 걸 일깨운다.

"수보리야, 어떻게 생각하느냐? 내가 아뇩다라삼먁삼보리를 얻은 일이 있느냐?"[4]

"아니옵니다!"

"수보리야, 어떻게 생각하느냐? 수다원이 스스로 '나는 수다원[5]의 경지를 얻었다'는 생각을 할 수 있겠느냐?"[6]

"아니옵니다!"

"수보리야, 어떻게 생각하느냐? 내가 전생에 연등부처님 처소에 있었을 때 어떤 깨달음을 얻은 바가 있느냐?"

"없사옵니다. 세존이시여! 여래께서 연등부처님 처소에 계실 때 실로 어떤 깨달음을 얻은 바가 없습니다."[7]

무언가 깨달은 바가 있고 수확이 있는데 어째서 그것을 없는 것으로

---

4 須菩提, 於意云何. 如來得阿耨多羅三藐三菩提耶?『無得無分說第七』.

5 불법의 수행 정도와 그 깊이에 따라 얻게 되는 첫 번째 단계.

6 須菩提! 於意云何? 須陀洹能作是念, 我得須陀洹果不? 須菩提言: 不也!『一相無相分第九』.

7 不也, 世尊! 如來在然燈佛所, 於法實無所得.『莊嚴淨土分第十』.

여기는 걸까? 배움의 각도에서 보자면 다음의 두 가지 이유가 있다.

<u>첫째, 늘 배움을 갈망하는 겸손함을 유지하여 끊임없이 정진할 수 있다.</u>
<u>둘째, 이미 얻은 지식을 고수하지 않고 언제든 새롭게 변화하여 새로운 것을 창조할 수 있다.</u>

『반야심경』에서도 '무지역무득無知亦無得', 즉 '지혜가 따로 없기에 얻을 수 있는 지혜도 없다'라는 걸 강조하며 부디 지혜든, 학위든, 영광이든, 재물이든 이미 얻은 것에 집착하지 말 것을 당부한다. <u>집착하지 않아야 거기에 얽매이지 않고 잃어버릴까 염려하지 않는다. 그래야 언제든지 초심으로 돌아가 다시 시작할 수 있다.</u>

운동선수를 유심히 보면 두 가지 유형으로 나눌 수 있다. 하나는 국제 대회에서 각종 상을 휩쓸고 세간의 주목을 받게 된 후 쏟아지는 이목과 유혹에 쉽게 굴복해 상업적인 광고 모델로 활발히 활동하는 경우다. 하지만 그들 대부분은 운동계에서는 내리막길을 걷기 시작한다. 심지어 기록이 좋지 않아 한번 무너진 컨디션을 회복하지 못해 예정보다 일찍 은퇴하게 된다.

또 다른 하나는 국제 대회에서 각종 상을 받은 뒤에도 경기를 가리지 않고 참가하며 끊임없이 자신을 채찍질하는 경우다. 가끔 결승에도 오르지 못하고 심지어 예선에서 떨어지기도 하지만, 그들은 자신의 성공과 실패에 연연하지 않으며 평정을 유지하면서 선수 생활을 오랫동안 이어 간다.

결과에 연연하지 않는 사람이 계속 앞으로 갈 수 있다

세상은 성공하는 삶이 멋지다고 가르친다. 끊임없이 목표를 세우고 그것을 달성하도록 독촉한다. 그래서 우리는 '성공'과 '목표'를 하나로 묶어서 생각하거나 그 둘 사이에 등호를 매기기도 한다. 물론 이러한 방식은 자신을 독려하고 채찍질함으로써 목표를 달성하고, 누구보다 일찍 혹은 더 큰 성공을 거두는 데 효과적일지 모른다. 하지만 문제는 '목표'에 도달하지 못하면 그것을 곧 '실패'라고 여기고 자신을 '루저'라고 생각하는 데 있다. 그러면 그동안 노력한 과정까지도 모두 부정하는 꼴이 되어 버린다. 사실 성장의 각도에서 보면 노력의 과정이 결과보다 훨씬 의미가 크지만 이를 깨달을 도리가 없다.

더 큰 문제는 '목표'를 달성한 뒤 공식적으로 사람들에게 성공했다고 인정받게 되면 마음속에 무의식적으로 쉽게 깨지지도, 넘어서기도 힘든 하나의 거대하고 완고한 '천장'을 만들어 버린다는 점이다.

성공이 어느 순간 저주로 변하는 이유는 정상에 오른 사람에게는 이제 내려오는 길밖에 남지 않았기 때문이다. 그러나 내려온 뒤에는 다시 오르면 그만이다. 하지만 많은 이가 한순간의 성공을 영원한 것으로 받아들여 그 자리에 주저앉는다. 그러나 세상에는 당신이 오른 산보다 더 높은 산이 수없이 존재한다.

성공한 뒤에는 과거의 노력을 긍정하고 인정해야 한다. 그리고 그러한 행운을 선물한 하늘에도 감사해야 한다. 아무리 소중하고 귀한 성과라도 절대 그것을 인생의 최종적인, 완벽한 성공이라고 생각하면 안 된다. 인생이라는 긴 여정 속에는 아직도 많은 기적이 남아 있다. 우리의 역할은 그 기적을 발견하는 것이다.

성공은 보이지 않는 허구의 '천장'과도 같다. 실제도 아니고 영원하지도 않다. 계단식으로 점진적인 성과를 거두되, 성공에 도취하지 않아야 한다. 원하는 목표를 이뤄내 사람들의 박수를 받을지라도 그 즉시 자기를 내려놓아야 한다. 그것이 자신을 잃지 않는 길이다.

<u>인생은 끝없이 나를 찾고 또 나를 내려놓은 여정이다. 내려놓는 횟수가 많아질수록 진정한 나의 모습에 가까워진다. '진정한 나'란 결국 무아의 모습이기 때문이다.</u>

금강경 한 구절

소언일체법자, 즉비일체법, 시고명일체법.

所言一切法者, 即非一切法, 是故名一切法.

『금강경·구경무아 제17분金剛經·究竟無我分第十七』

해석 불교의 법이라는 것은 실제나 허구에 구속받지 않는다. 일반적으로 모든 법이라고 부르는 것 또한 진정한 법이 아니라 잠시 그 이름을 그렇게 사용하는 것이므로 결코 집착하지 않아야 할 것이다.

마음에 와닿는 문장을 필사해 봅시다.

때로는 보이는 것이
전부가 아니다

라디오 방송에서 얼마 전 새 앨범을 발표한 유명 가수를 초대했다. 주로 이번에 그가 새롭게 도전한 것들에 관한 이야기를 인터뷰했다. 그는 음악적으로 그동안 도전해 보지 않았던 새로운 장르를 시도했고, 무대에 오를 때는 노래는 물론 격렬한 안무까지 함께 하기 때문에 모든 게 쉽지 않았다고 했다. 게다가 앨범 발표 전에 부정적인 루머에 휩쓸린 적도 있었다. 비록 소문이 잦아들긴 했지만, 청취자들의 반응에 영향이 전혀 없는 건 아니었다.

그는 작사에 재능이 있는 아티스트였다. SNS나 출판 활동을 통해 알려진 그의 글재주는 수준급이었으며, 그 글을 통해 그의 마음을 어느 정도 들여다볼 수 있었다. 나아가 그가 작사한 노래 중에는 사람들의 마음과 영혼을 울리는 것들이 꽤 많았다. 나는 인터뷰 전에 최대한 많은 자료를 모아 그에 대해 알아 보고 최대한 편한 분위기를 만들려 노력했다.

우리는 재미있게 인터뷰에 임했다. 그는 방어 태세를 풀고 창작 활동에 대한 본인의 생각과 철학을 허심탄회하게 털어놓았다. 인터뷰가 끝난 뒤 그는 스태프들에게 먼저 사진 촬영을 요청했다. 단체 사진을 찍은 뒤 그는 내게 친근하게 다가와 말했다. "감사해요. 정말 많이 준비하셨다는 게 느껴져요." 그러면서 본인의 앨범에 사인을 해 주며 짧은 문장을 써서 내게 건네주었다.

"보이는 게 전부는 아니다."

그가 떠나고 동료는 의아하다는 듯 내게 물었다.
"오늘 인터뷰는 성공적이었어요. 그분은 완전히 마음을 열고 다른 방송에서는 얘기하지 않은 많은 것들을 털어놓더라고요. 그런데 이상해요. 그렇게 다 얘기해 놓고 왜 여기엔 보이는 게 전부가 아니라고 썼을까요?"
그 심오한 질문에 나는 그저 웃으며 대답했다.
"인생이 그렇잖아요. 말로는 전부 표현 못 하는, 그런 일들이 대부분이잖아요."
나는 그의 마음을 조금은 이해할 수 있을 것 같았다. 새 앨범 발표를 앞두고 그는 마음고생이 많았다. 신곡을 발표하고 여러 방송 스케줄을 소화하다가 모처럼 자기 마음을 이해하는 진행자를 만났지만, 그렇다고 해서 자신의 모든 사생활을 마음껏 다 털어놓을 수는 없었을 것이다. 그러니 전체적인 인터뷰의 과정은 '말해야 할 것, 말할 수 있는 건 모두 말하고, 말하지 않아야 할 것, 말할 수 없는 건 말하지 않았을 것'이다.

현대인들의 소통은 대부분 언어와 문자로 이뤄진다. 그렇지만 그 언어와 문자가 표현하는 개념이 제한적이라는 사실은 자꾸 간과한다. 언어와 문자가 대화를 나눌 때 중요한 요소이자 도구인 것은 맞지만, 과도하게 그것에 의존하다 보면 함정에 빠질 수 있다.

<u>소통의 궁극적인 경지는 언어나 문자가 굳이 필요하지 않다. 마음으로도 통하고 충분히 느낄 수 있기 때문이다.</u> 보통 사랑하는 연인이나 배우자, 가족 혹은 정말 친한 친구 사이에는 특별히 말로 표현하지 않아도 느껴지는 친밀함이 있다. 때로는 이렇게 눈에 보이지 않는 소통의 요소가 낯선 사람이나 막 알게 된 친구 사이에도 나타날 수 있다. 이렇듯 말로 다 하지 않아도 이해되는 교제 방식은 사람의 마음을 편안하게 한다. 여기에는 예민한 관찰력과 풍부한 삶의 경험, 상대를 향한 애정과 존경이 담겨 있기 때문이다.

언어와 문자의 표면적인 의미에만 집중하지 말라

어머니를 돌본 지 오랜 시간이 되니 이제 나는 어머니의 표정만 봐도 뭘 원하는지 알 수 있다. 가족들과 함께 차를 타고 먼 길을 떠날 때면 나는 종종 룸미러를 통해 뒤에 앉아 계신 어머니의 표정을 살핀다.

"엄마, 지금 화장실 가고 싶으세요?" 이렇게 물으면 어머니는 십중팔구 아니라고 하신다. 그러면 옆에 앉은 가족들이 말을 더한다.

"설마 또 가고 싶으시겠어? 30분 전에 다녀왔는걸?"

그렇지만 나는 가까운 공원이나 마트를 찾아 주차장에 차를 세워 두고 어머니를 화장실에 모시고 간다. 그러면 어머니는 우리의 부축을 받고 급히 차에서 내린다. 다시 차에 올라탈 때는 '드디어 해결!'이라는 안도의 표정이 얼굴에 가득하다.

가족들은 대체 어머니가 화장실에 '또' 가고 싶은 걸 어떻게 알았느냐고 묻는다. 그러면서 어머니를 채근한다. "아니, 엄마는 화장실 가고 싶었으면서 왜 아니라고 하셔?"

이럴 때는 다른 말보다 그냥 웃는 게 상책이다. 어머니의 눈빛만 봐도 알 수 있다. '아니'라고 하는 이유는 가족들이 귀찮을까 봐 걱정되는 마음에서다.

선생과 제자 사이에도 이러한 이해와 묵인이 필요하다. 여름 방학식에서 선생님이 아이들에게 '구조대원이 없는 바다에는 절대 들어가서는 안 된다!'라는 당부의 말을 남긴다. 그런데 그중 천진한 한 학생이 '그럼 계곡에서는 마음껏 놀아도 되겠구나'라고 생각한다. 하지만 사실 계곡물이 한번 불어나면 잔잔한 바다에서 노는 것보다도 훨씬 더 위험하다. 모든 원칙과 규정을 일일이 다 말하자면 하루가 부족하다. 그러니 그 한마디를 융통성 있게 현실에 잘 적용해야 한다. 그저 그 한마디, 말과 문자에만 국한되면 이성적인 판단력이 흐려진다.

송나라 때 편찬된 불교 서적 『오등회원五燈會元』에 유명한 일화가 등장한다.

석가모니가 제자들을 모아 놓고 불법을 전하는데 아무도 입을 열지 않았다. 그러다가 석가모니가 꽃 한 송이를 들어 보이자, 그중 가섭존자迦葉尊者라는 제자가 이해했다는 듯 미소를 지어 보였다. '염화미소拈華微

笑'로 불리는 이 일화는 마음과 마음이 서로 통하는 '이심전심'의 상황에 종종 사용된다. 결국 그 뜻을 정리하면 세간의 설법에는 고정적인 해설의 방식이 존재하지 않는다는 말이다.

<u>모든 언어와 문자는 그저 상대를 이해시키기 위해 사용되는 것이다. 만일 서로를 깊이 이해한다면 꼭 말이나 문자가 필요 없다. 마음은 꼭 말로만 전할 수 있는 게 아니다.</u>

"법을 설한다고 하는 것은 설할 만한 법이 없다는 것이며, 이를 법을 설한다고 이름하였을 따름이다."[8]

『금강경』에 등장하는 유명한 문구 중 하나로 불교의 도리를 설파하는 최고의 경지를 나타낸다. 즉, 깨달음에 관해서는 꼭 말로 설명할 필요가 없는데 굳이 말로 전해야 하는 이유는 중생이 그 오묘함을 잘 이해해서 일상에 적용할 수 있게 하기 위함이다. 그러나 깨달음을 얻은 뒤에는 곧바로 내려놓아야 한다. 깨달음을 빙자해 문자나 언어에 의지해서는 안 된다. 만일 그것에 과도하게 집착하면 상황에 맞춰 변화할 수 없다.

언어와 문자는 표면적인 뜻만 전달할 뿐이다

언어와 문자는 소통을 도와주는 도구이기도 하지만 때로는 이해를 방

---

[8] 說法者, 無法可說, 是名說法. 『非說所說分第二十一』.

해하는 걸림돌이 되기도 한다. 그렇다면 어떨 때 소통을 돕고 어떨 때 소통을 방해할까? 살다 보면 그 어떤 사람과도 소통하기 싫고 또 이해하고 싶지 않은 순간이 있다. 그럴 때는 아무리 많은 말로도, 아무리 많은 글로도 마음을 움직일 수 없다. 도리어 수많은 말과 글 속에서 상처 주는 말만 골라내 꼬투리를 잡아 사실이 아닌 것으로 다툼이 일어나기도 한다.

상대방이 허튼소리를 한다며 무시하고 비난할 때 종종 속된 말로 "말이야, 방귀야"라고 한다. 이를 인생의 철학적인 관점에서 생각하면 그의 말을 단순히 언어나 문자로만 이해하려고 하기 때문이다. 그 너머의 것을 이해하려 해야 한다.

인생은 변화무쌍하다. 지금은 진리처럼 보이는 상황이 한 시간 뒤에는 아닐 수도 있다. 또 마음에 어떤 깨달음을 얻은 뒤에는 그 즉시 내려놓아야 한다. 그것이 삶을 지혜롭게 사는 방법이다.

누군가 당신에게 모진 말을 퍼부어 감정이 상했는가? 하지만 그의 말을 마음에 담아 둘 필요 없다. 그 사람이 무슨 말을 했는지가 아니라 당신이 거기에서 어떤 깨달음을 얻었는가가 훨씬 중요하기 때문이다.

금강경 한 구절

설법자, 무법가설, 시명설법.

說法者, 無法可說, 是名說法.

『금강경·비설소설 제21분 金剛經·非說所說分第二十一』

해석 불법을 전할 때 중생이 그것을 이해하여 망상을 없애고 깨달음을 얻게 하려고 잠시 하나의 이름을 빌려 그것을 '설법(說法)'이라 칭한 것뿐이니라.

마음에 와닿는 문장을 필사해 봅시다.

저 달이 내 마음을
대변할 수 있을까

영화 〈첨밀밀〉 OST 중에 유명한 '월량대표아적심 月亮代表我的心'은 등려군 鄧麗君이 리메이크하면서 중국 전역에 유행했다. 서양이나 일본, 한국 등의 음악 시장에서도 리메이크곡을 어렵지 않게 찾아볼 수 있다. 그 멜로디와 가사가 동서양을 막론하고 사람들의 심금을 울리는 건 똑같은 모양이다.

당신은 내게 물었죠.
얼마나 당신을 사랑하냐고
내가 당신을 얼마나 사랑하는지,
내 마음은 진실이에요.
내 사랑도 진실이에요.
저 달빛이 내 마음을 말해 주네요.

이 낭만적인 가사에 매료되어 사랑하는 연인이나 친구를 위해 세레나데로 부른 사람도 적지 않을 것이다. 그러나 정말 이성적으로 생각해 보면 비록 달은 영구적으로 존재하는 것이긴 하나, 초하루의 모양이 다르고 정월의 모양이 또 다르다.

그러니 만일 달이 내 '마음'을 대변한다고 한다면 대체 어떤 '마음'을 대변하는지, 어떤 상황에서는 또 내 '마음'을 대변하지 못하는지, '마음'이라는 게 대체 무엇인지 정확하게 설명하기 어렵다.

『금강경』에는 사람들 입에 자주 오르내리는 유명한 구절이 많이 등장한다.

"과거의 마음도 얻을 수 없고, 현재의 마음도 얻을 수 없고, 미래의 마음도 얻을 수 없기 때문이니라."[9]

누군가를 깊이, 열렬히 사랑해 본 독자들에게는 아마 최고의 구절이 아닐까 싶다. 나중에 사람들은 이 구절을 간단하게 '세 가지 얻지 못하는 마음三心不可得'이라고 이름 지었다. 여기에 나오는 '마음心'이란 산스크리트어의 'citta'를 번역한 것으로 '추상적인 생각'을 일컫는다. 그러니까 전체적인 문장을 풀이하면 '사람의 생각이라는 것은 시간의 흐름에 따라 수시로 변하니, 모든 것은 망상에 지나지 않으므로 애초에 집착할 필요가 없다'라는 뜻으로 이해할 수 있다.

석가모니는 중생의 마음과 부처의 마음은 다르지 않다고 말한다. 다

---

[9] 過去心不可得, 現在心不可得, 未來心不可得. 『一體同觀分第十八』.

만 중생은 자신이 지은 업에 따라 윤회하느라 본심을 잃어버리는 것이고 석가는 그렇지 않다. 하지만 중생을 가엽게 여겨 자신을 그와 같은 존재로 인식하여 함께 망상을 잊어 보자고 격려하고 권면한다.

『금강경』에서 말하는 '세 가지 얻지 못하는 마음'의 '마음', 즉 추상적인 생각은 사람의 머리에서 나오는 것이다. 모든 생각은 과거에서 현재로, 현재에서 미래로 이어지기 때문에 시시각각으로 변하고, 끊어졌다가 생겨나기를 반복한다. 그러므로 모든 생각에서 벗어나려면 마음을 깨끗하게 하고 머리를 비워내야 한다.

인도의 구루이자 철학자 오쇼 라즈니쉬Rajneesh Chandra Mohan Jain는 "머리를 믿지 말고 마음의 소리를 들어라."라는 말을 자주 했다. 여기에서의 '마음'은 대뇌의 지휘를 받지 않는 영성靈性의 영역을 가리킨다. 바꿔 말하면 대뇌 운동으로 생겨나는 모든 생각을 완전하게 지워 버린 상태를 뜻한다. 나의 개인적인 견해로는 『금강경』의 '마땅히 머무는 바 없이 마음을 내는應無所住, 而生其心' 상태의 '마음'이야말로 최고의 깨달음이자 경지라고 생각한다.

'마음'의 뜻을 조금 더 면밀히 살펴보려면 '세 가지 얻지 못하는 마음'을 과거와 현재, 미래라는 시간의 축을 따라서 살펴봐야 한다. 일반적인 번뇌는 모두 과거에 발생했던 사건의 영향으로 일어나는 걱정과 근심이다. 또 그것이 미래의 불확실성에 연결되어 걱정에 걱정을 더한다. 그렇다면 궁극적인 해결 방법은 무엇일까? 현재에 집중하는 것일까?

현대 심리학에서는 "현재를 살라." "지금 순간을 느껴라."라고 말한다. 이러한 이론은 듣기에는 좋지만 실제로 행동으로 옮기려면 어려움이 따른다. '현재'와 모든 '지금'은 눈 깜짝할 사이에 사라져 버리기 때문이다.

집념을 내려놓으면 현재조차 존재하지 않는다

중국 당나라 북방에 있던 덕산德山은『금강경』에 조예가 깊은 사람으로 불법의 핵심은 경전에 있다고 믿었다. 어찌나 경전에 통달했던지『금강경청룡소초金剛經靑龍疏鈔』라는 주석서까지 저술할 정도였다.

남방에서 선종이 주장하는 '단번에 깨달음을 얻는다'라는 '돈오성불頓悟成佛'에 동의하지 않았던 그는 그들의 주장을 반박하기 위해 자신이 저술한『금강경청룡소초』를 가지고 남쪽으로 향했다. 가는 길에 점심때가 되어 작은 노점에서 먹을거리를 파는 노파를 만났다. 배가 고파 먹을 것을 주문하려는 그에게 노파가 호기심 가득한 얼굴로 물었다. "어깨에 짊어진 그게 다 뭡니까?" 덕산은 그것이『금강경청룡소초』라 말했다. 그러자 노파가 재밌는 제안을 하나 했다. 본인이 문제를 하나 낼 테니 그걸 맞추면 공짜로 점심을 주겠다는 것이었다.

"『금강경』에 과거에도, 현재에도, 미래에도 얻지 못하는 마음이 있다고 나오는데 스님이 저희 집에서 드시려는 점심點心은 어떤 마음입니까?"

덕산은 그만 말문이 막히고 말았다. 평생『금강경』을 연구하고 교리에 관한 것이라면 통달했다고 자신했건만, 노파의 질문에는 그 어떤 대답도 하지 못했던 것이다.

이는 종교의 대가들이나 불교학 전문가들이 『금강경』을 해설할 때 자주 인용하는 '청룡소초' 일화다. 이 일화가 말하고자 하는 것은 마음에 집착하지 않으면 과거와 현재, 미래를 나누지 않는다는 것이다. 진정한 과거도, 현재도 없고 미래도 없다. 시공간의 제약을 초월할 때 우리는 비로소 진정한 깨달음을 얻을 것이다.

최근 언급되고 있는 '바른 생각正念'은 사실 불교에서 기인한 것이다. '바른 생각'이란 긍정적인 생각이 아니라 호흡 등을 훈련하여 내면을 돌보고 현재의 상태를 자각하며 모든 생각을 말끔히 지워내 그 잡념에도 휘말리지 않는 것이다. 이렇게 해야만 본심으로 돌아갈 수 있고 신과 하나가 된다는 취지다.

이런 각도에서 보면 『금강경』에서 말하는 '세 가지 얻지 못하는 마음'은 현재에만 충실해야 한다는 현대인의 생각을 훨씬 앞서가는 개념이다. 그러나 그 어떤 생각에도 집착하지 않을 때 비로소 현재에 대한 집착과 근심도 사라질 것이다.

금강경 한 구절

과거심불가득, 현재심불가득, 미래심불가득.

過去心不可得, 現在心不可得, 未來心不可得.

『금강경·일체동관 제18분金剛經·一體同觀分第十八』

해석 과거의 마음에 머물러서는 안 되며, 현재의 마음에 집착해서도 안 되고, 미래의 마음을 예측해서도 안 된다.

마음에 와닿는 문장을 필사해 봅시다.

밀크레이프케이크를
닮은 인생

　　　　　　　　5천 자로 이루어진 『금강경』에서 석가모니는 제8분, 제11분, 제12분, 제13분, 제24분 등 여러 번에 걸쳐 '사구게[10]'의 중요성을 언급한다. '사구게'만이라도 부지런히 읽고 그것을 전파하면 큰 복을 받을 것이라고 강조한다.

　　『금강경』이 전해져 내려오는 동안 사람들은 석가모니의 가르침을 따라 이것을 독송하고 필사하고 가르치고 해설하며 전파했다. 이로써 더 많은 사람이 경전을 접하게 되었다. 불교 신자가 아닌 사람도, 『금강경』을 한 번도 읽어 보지 않았던 사람도 '사구게'의 가르침에 쉽게 매료되었다.

　　훗날 수많은 학자가 불교 경전을 연구하며 우스갯소리로 석가모니야말로 '뛰어난 세일즈맨'이라며 치켜세웠다. '사구게'야말로 『금강경』 중

---

[10] '사구게'만이라도 받들어 독송하라고 언급한 곳이 금강경에 총 6곳이나 있다. '사구게'가 금강경의 핵심임을 이로써 잘 알 수 있다.

에서도 '진액'만 농축해 낸 것으로 영양도 풍부하고 맛도 좋아서 사람들에게 '팔기 좋은' 세일즈 포인트라는 것이다. 같은 맥락에서 나는 『금강경』이야말로 '명언 제조기'의 원조라고 생각한다. 이 '사구게'에는 경전의 정수가 담겨 있어, 그 의미가 오묘하고 심오할 뿐 아니라 읽기에도 편안하다.

사실 『금강경』에서 어떤 단락이 '사구게'에 해당하는지 석가모니가 정확하게 말한 적은 없다. 하지만 상식적으로 네 개의 구절이 한 단락을 이루고, 글자 수가 같아 음률에 맞춰 리듬감 있게 읽을 수 있는 구절이 나오면 '아, 이게 사구게구나'라는 생각이 저절로 든다. 예를 들면 이런 것이다.

만약 모양으로 나를 보려고 하거나,	若以色見我,
음성으로 나를 찾으려 한다면,	以音聲求我,
이러한 사람은 헛된 길을 가나니,	是人行邪道,
여래를 볼 수 없으리라.	不能見如來.

[제26분 第二十六分]

있다고 여기는 모든 실체는	一切有爲法,
꿈, 허깨비, 물거품, 그림자 같도다.	如夢幻泡影,
이슬 같으며, 번개 같나니,	如露亦如電,
마땅히 이와 같이 볼지니라.	應作如是觀.

[제32분 第三十二分]

위의 두 '사구게'가 사람들에게 가장 많이 알려진 것이며 이와 비슷한 문장들도 있다.

여래께서 말씀하신 실체는	如來所說法,
모두 취할 수도 없으며,	皆不可取,
말할 수도 없습니다.	不可說,
실체가 아니지만	非法,
실체가 아닌 것도 아닙니다.	非非法.

[제7분 第七分]

나만을 생각하는 '아상',	無我相,
나와 남을 차별하는 '인상',	人相,
나는 중생이라 여기는 '중생상',	眾生相,
나는 오래 산다는 '수자상'.	壽者相.

[제14분 第十四分]

불교학을 연구하는 학자들은 고대 인도의 문체가 대부분 '사구게'의 형식으로 이뤄져 있는데, 글자 수에 상관없이 문장 사이에 '쉬어 가는偈' 부분만 있으면 '사구게'가 될 수 있다고 말한다. 그래서 '사구게'는 운율을 가진 일종의 '운문체' 형식의 시라고 할 수 있다. 그러나 일반적인 사람들은 『금강경』의 어떤 단락이 '사구게'인지 특별히 연연할 필요가 없다. 대만의 유명한 불교학 연구자 장훙스張宏實 선생의 말처럼 "『금강경』의 모든 문장이 전부 사구게"라고 생각하면 된다. 경전을 읽고 마음에 깨달은 바를 사람들에게 해설하고 전하면 그것만으로 충분히 덕을 쌓을 수 있다.

짧은 구절 하나에 우리네 인생이 담겨 있다

책을 출간하고 출판업에서 일한 지 벌써 30년이 넘었다. 개인적으로 좋아하기도 하고, 또 업무적으로 필요하기도 해서 평일에는 대부분 시간을 독서에 할애한다. 매달 최소한 10권은 넘게 읽으려 노력하는 편이다. 최근 몇 년 동안의 트렌드를 살펴보면 바쁜 현대인의 특성도 있고, SNS 등에서 단번에 독자들의 관심을 사로잡을 수 있는 '짧은 명언'이나 제목이 들어 있는 책들이 특별히 많은 사랑을 받고 있다.

라디오 방송에서도 요즘 베스트셀러 작가들을 초대해 인터뷰한 적이 있었는데, 다들 하나같이 짧지만 매력적인 첫 문장, 혹은 제목을 만드는 데 엄청난 공을 들인다고 했다. 그래야 독자들의 눈을 사로잡고, 이로써 일천 자가 넘는 긴 작품으로 호흡이 이어진다는 기였다.

그런 짐에서 보면 오천 자로 이뤄진 『금강경』에서 핵심과 정수만을 녹여낸 '사구게'야말로 요즘 현대인들의 입맛을 충족시켜 준다고 할 수 있다.

인생은 크레이프를 층층이 쌓아 만든 밀크레이프케이크를 닮았다. 자세히 보지 않으면 보통의 케이크와 다를 게 없다. 하지만 그걸 한 번 맛본 사람은 안다. 촘촘히 쌓인 여러 장의 크레이프를 입에 넣었을 때 퍼지는 달콤함과 폭신함, 그 부드러움이 주는 행복을 말이다. 책의 핵심을 담은 명언들은 짧지만, 그 의미는 절대 얕지 않다. '사구게'도 그와 같다.

금강경 한 구절

약부유인, 어차경중, 수지내지사구게등, 위타인설, 기복승피.

若復有人, 於此經中, 受持乃至四句偈等, 爲他人說, 其福勝彼.

『금강경·의법출생 제8분 金剛經·依法出生分第八』

해석 만일 어떤 사람이 이 경전을 받들고, 심지어 타인을 위해 사구게 등을 해설해 주면, 이 사람이 얻는 복은 많은 금은보화로 보시한 사람보다 훨씬 더 많으리라.

마음에 와닿는 문장을 필사해 봅시다.

타인을 사랑하는 사람이
곧 부처이다

　　　　　　　아버지가 갑자기 세상을 떠나고 오랜 시간 동안 우리 가족들은 슬픔에 젖어 있었다. 끝이 보이지 않는 늪에 빠진 것 같았다. 우리는 한없이 무너졌고 한없이 비통했다. 어떻게든 일어나 보려고 나는 몇 년 동안 가족들과 여행을 많이 다녔다. 거동이 불편한 어머니와 두 누나를 데리고 아버지의 죽음을 애도하면서 슬픔에서 빠져나오려 애썼다.

　　인도네시아 여행을 다녀온 이후 나는 가족들과 조금 더 장거리로 여행을 떠나보기로 했다. 가족들과 함께라면 어머니를 돌보는 육체적, 정신적 부담도 덜 수 있을 것 같았다. 우리는 여행사 패키지 상품이 아닌 자유여행을 선택했다. 캐나다 로키산맥을 기점 삼아 성지순례를 하는 마음으로 유명한 국립 공원들을 방문했다.

대형 버스에 올라 굽이진 산속 공원길을 따라 올라갈 때의 일이다. 버스 승객들은 피곤하긴 했지만, 눈앞에 펼쳐진 아름다운 풍경을 감상하느라 여념이 없었다. 버스 기사는 운전 실력이 상당했다. 깊은 산 속 굴곡진 공원 길을 마치 평평한 아스팔트 도로처럼 부드럽게 달렸다. 가끔 백미러로 승객을 살피는 그와 눈이 마주칠 때마다 그는 내게 온화한 미소를 건넸다. 그는 우리처럼 이곳에 처음 관광을 온 듯 아름다운 풍경을 한껏 즐기는 표정이었다. 마치 그 자연이 자신을 치유하는 것처럼.

그런데 갑자기 버스가 속도를 늦추더니 도로 한가운데 멈춰 섰다. 뭔가 고장이 난 모양이라고 생각하고 있는데 기사가 다정한 목소리로 안내 방송을 했다. 승객들은 물론, 산속 동물들에게도 방해되지 않을 정도의 크기였다.

"사슴 한 마리가 도로에 내려와 산책하고 있네요. 버스 바로 앞에 있어서요. 사슴이 길을 건널 때까지 조금만 기다려 주시길 바랍니다."

그의 말이 끝나자, 앞자리에 있던 승객이 우아하게 몸을 일으켜 천천히 기사 옆으로 다가갔다. 그는 기사와 함께 무고하고 순수한 사슴을 조용히 지켜보다가 이 순간을 기록하고 싶다는 듯 휴대전화를 꺼내 사진을 찍었다. 승객들은 물론 모든 생명을 소중하게 여기는 기사의 배려가 우리의 마음을 따뜻하게 만들었다.

가끔 사는 게 고단해서 스트레스를 받기도 했고 황망히 흐르는 시간 때문에 왠지 모를 누려움을 느끼기도 했다. 그런 연유로 내 이익에 눈이 멀어 타인에게 인색해지기도 했다. 끊임없이 나를 찾고, 나로 살려 하고, 나를 사랑했지만, 채워지지 않는 공허함과 결핍에 시달려야만 했다.

제4장

어디에도 머무르지 않는 삶, 무주생활

그 환난의 터널을 지나 비로소 나는 깨달았다.

나를 내려놓고 타인을 존중할 때 비로소 삶은 진정한 의미를 되찾는다는 사실을.

현재를 소중히 여기고 무탈함에 감사하는 인생

불교에서 말하는 '중생'에는 사람과 동물, 곤충 등은 물론, 식물 혹은 의식이나 감정이 없는 대상까지 모두 포함된다.

진정으로 자신을 아끼고 사랑하는 것은 중생을 사랑하고 아끼는 것부터 시작된다. 만일 이것과 반대로 모든 초점을 자신에게 맞추고 다른 중생의 존재를 무시하면 번뇌만 늘어난다.

어느 날 집 벽에 1~2mm 정도의 아주 작은 갈색 벌레가 나타났다. 놈은 날아다니기도 하고 기어다니기도 했다. 그 한 마리가 며칠 지나니까 두세 마리가 되었고, 금세 열 몇 마리가 되더니 나중에는 수백 마리로 늘어났다. 나는 사진을 찍어서 곤충 전문가인 친구에게 물어봤다. 권연벌레라는 집 벌레라고 했다. 집 안에 유통기한을 넘긴 담배나 찻잎, 단팥 혹은 한약재나 곡물이 있을 때 나오는 벌레였다. 그런데 이상하게도 집 안을 거의 뒤집어엎다시피 대청소를 했지만, 친구가 말해 준 '원인'들은 나오지 않았다.

대책이 없으니 어쩔 수 없이 부분적으로 살충제를 뿌렸다. 그런데 놈들의 목숨이 얼마나 질긴지 박멸하는 건 불가능해 보였다. 친구는 내게 연막 살충제를 써 보라고 조언했지만, 왠지 그것만은 조금 망설여졌다.

나는 잠시 살생을 멈추고 이 '중생'들로부터 벗어날 다른 방법은 없을지 고민했다.

이후 나는 경전을 읽고 우리 집에 터를 잡은 이 벌레들이 마땅한 거처를 찾아 떠날 수 있기를 빌었다. 어쨌든 사람이 사는 곳에서 생육하고 성장하는 것이 그들에게도 적합하진 않을 터였다. 살충제 때문에 목숨을 잃은 녀석들은 내가 읽는 경전을 듣고 다른 곳으로 윤회하여 태어나길 바랐다.

2주 정도 지나자, 벌레들은 조금씩 자취를 감추기 시작했다. 물론 우연의 일치라고 말하는 사람들도 있을지 모른다. 나도 그 말에 반박하고 싶지는 않다. 그러나 나는 믿는다. <u>생명을 공경하는 마음으로 인연을 따르며 겸손함 속에 자비를 베풀면 중생을 보호하고 구할 수 있다는 것을</u> 말이다.

제4장

어디에도 머무르지 않는 삶, 무주생활

금강경 한 구절

소유일체중생지류, 약란생, 약태생, 약습생, 약화생, 약유색, 약무색, 약유상, 약무상, 약비유상, 약비무상, 아개영입무여열반이멸도지.

所有一切眾生之類, 若卵生, 若胎生, 若濕生, 若化生, 若有色, 若無色, 若有想, 若無想, 若非有想, 若非無想, 我皆令入無餘涅槃而滅度之.

『금강경·대승정종 제3분 金剛經·大乘正宗分第三』

해석 모든 중생은 생명의 형태가 다르나니 알에서 난 것, 태에서 난 것, 습기에서 난 것, 탈바꿈으로 난 것, 모습이 있는 것, 모습이 없는 것, 생각이 있는 것, 생각이 없는 것, 생각이 있는 것도 아니고 없는 것도 아닌 것이 있다. 내가(석가모니) 이 모든 생명의 번뇌를 끊어내어 열반에 들게 하리라.

마음에 와닿는 문장을 필사해 봅시다.

제5장

수행을 통해 비움을 경험하다, 무득이수 無得而修

호흡하듯 기도하고
수행하라

◆ 평정을 유지하라.

외부의 동요에

쉽게 휩쓸리지 않도록

내 감정을 잘 돌아보고 관리하라.

"만일 어떤 사람이 이 경전을 듣고

　믿는 마음에 어김이 없으면,

　그의 복덕이 몸으로 보시한 사람보다

　훨씬 많거늘,

　하물며 이것을 필사하고 수지하고

　독송하여 남에게 해설해 주는 사람이야

　더 말할 나위가 있겠느냐."

"어떠한 모습에도

　사로잡히지 말 것이며,

　언제 어디에서도

　흔들림이 없어야 할지니라."

수행 없는 삶이
최고의 수행

영광스럽게도 문화부의 요청으로 문화예술 시상식의 진행을 몇 번 맡은 적이 있었다.

한 번은 시상식이 끝난 후 행사장에서 우연히 오랫동안 팬이었던 영화감독을 만났다. 나는 마치 팬 미팅에 참석한 소녀같이 떨리는 마음으로 그에게 인사를 건네기 위해 다가갔다. 그런데 그가 갑자기 발걸음을 멈추고 나를 조용히 훑어봤다. 시간이 멈춘 것 같았다. 잠시 후 그가 건넨 인사는 "안녕하세요" "얘기 많이 들었습니다"와 같은 상투적인 말이 아니었다. 그는 내 첫인상에 관한, 진심에서 우러나온 감상 같은 것을 말했다. "참 수행을 하고 계시는군요."

여기서 굳이 이 얘기를 꺼내는 이유는 유명한 영화감독이 나를 치켜세워 주었다는 걸 자랑하고 싶어서가 아니다. 그 자리에서 "아유, 과찬이십니다"라며 으레 하는 겸손한 말로 대응하지 못한 게 아쉬워서도 아니다. 나는 순간적으로 '수행'에 대한 그의 견해와 태도를 단번에 이해했다. 오래 알고 지낸 사이는 아니었지만, 나는 그가 어떤 사람인지 잘 알 것 같았다.

'수행'의 의미를 잘 이해하는 사람인 만큼, 그는 나와 추구하는 바가 비슷할 것 같았다. 아마도 그는 단순하고 소박하며 소탈한 삶을 좋아할 것이다. 파란만장한 인생에 동요하지 않고 그 자리를 굳건하게 지키며 온건하게 살았을 것이다.

만일 '수행자'가 하나의 칭호라고 한다면 여기에 작가나 사회자, 대표나 팀장, 박사 등의 다른 칭호가 따라붙을 필요가 없다. '수행자'라고 불리는 사람은 그로 인해 순간적으로 득의양양해하거나 부끄러워할 필요도 없다. 오히려 자신을 돌아보면서 과연 '수행이란 무엇인가?'를 한 번 더 생각해 봐야 한다.

'수행이란 무엇인가?'

참 좋은 질문이다. 스스로에게도 자주 물어보는 질문이고, 또 사람들에게 자주 듣는 질문이기도 하다.

'수행'이라고 하면 보통 정좌 자세로 앉아 명상하거나 세속과의 교류를 끊고 산속으로 들어가 경전을 읽는 걸 떠올리는 사람들이 많다. 하지만 이것만으로는 '수행'을 온전히 설명하지 못한다. "밥 먹고, 잠자는 그 모든 것이 수행입니다." 스님들이 자주 하는 말이다. 어떻게 보면 추상적으로 들리지만, 정말 실질적인 해석 방법이다. 이것을 백 퍼센트 완전하게 이해하려면 어느 정도 삶의 경험이 뒤따라 주어야 한다.

젊은 시절, 불교학에 입문했을 때 "수행이란 자신의 언행을 바로잡는 것"이라는 말을 정말 많이 들었다. 정말 좋은 말이었다. 그런데 문제는 대체 어떻게 바로잡아야 할지, 어떤 방법으로, 어떤 상황에 적용해야 하는지 모른다는 데 있었다.

수행은 과거의 습관을 버리고 집념을 내려놓게 한다

사람들은 역경을 만나거나 중대한 좌절을 겪어야만 비로소 본인에게 '수행'이 필요하다고 느낀다. 다시 말해 어려운 일을 겪어야 자신의 언행을 바로잡을 필요성을 느끼는 것이다. 물론 개중에는 성격이 완고하고 고집이 세서 아무리 큰 역경과 환난을 만나더라도 그것은 절대 자신의 잘못으로 인한 게 아니라 모두 남의 탓이라고 말하는 사람도 있다.

만일 이번 생에 일어난 환난과 고난을 모두 남의 탓으로 돌린다면 그것은 평생 자신의 언행을 바로잡을 기회를 잃어버리는 것과 같다. 이로써 쌓이는 죄업은 후생의 내가 짊어지게 된다. 이번 생에는 대충 넘어갈 수 있을지 몰라도 다음 생에는 절대 도망칠 수 없다.

당연한 이야기로 시험공부를 하지 않은 학생은 좋은 성적을 받을 수 없다. 보충수업을 받거나 재시험을 보지 않는 한 결코 편해질 수 없다. 이러한 마음으로 수행을 시작하길 원한다면 모든 시간, 모든 순간에 일어나는 일, 만나는 모든 사람이 전부 수행의 기회가 된다.

그렇다면 수행은 어떻게 해야 할까? 혼자서 하는 방법도 있고 스승을 찾아가는 방법도 있다. 방법은 무궁무진하다. 심지어 세대별로, 지역별로, 국가별로 성행하는 수행 방식이 다 다르다. 물론 나쁜 마음을 먹고 사리사욕을 채우기 위해 '수행'이라는 이름으로 부정한 사기 행각을 벌이는 이들도 있다. 그러므로 수행에 열중하더라도 적당한 경각심을 유지하는 것이 좋다. 합리적인 범위 안에서 경제적인 능력이 뒷받침된다면 적당한 수업료를 내거나 시주로 수행의 방법을 배우는 것도 나쁘지 않다.

나는 수행의 방법을 알려 주는 단체가 세상에 그토록 많고 종파도 그렇게 다양한지 몰랐다. 물론 그들 모두 각각의 존재 이유와 의미가 있을 것이다. 사람들은 원하는 바에 따라 각자의 방법으로 수행하면 된다. 하지만 넘쳐나는 수업과 단체, 기관 가운데서도 우리는 '수행'이라는 이 단순한 두 글자를 수없이 떠올리며 초심을 상기해야 한다. 다시 말해 수업을 듣고 수행하는 과정에서 본인의 말과 행동이 정말로 변했는지, 과거의 나쁜 습관과 버릇을 고쳤는지, 그로 인해 집념이 사라지고 번뇌가 사라졌는지 끊임없이 검토해야 한다.

수행, 숨 쉬듯 자연스럽게

사실 진정한 수행에는 큰 비용이 필요하지 않다. 속세를 버리고 홀로 산속으로 들어가 외롭게 도를 닦아야 하는 것도 아니다. 시간과 돈을 들여 수업을 듣거나 궁전처럼 화려한 법당에서 보란 듯이 집회에 참여해야 하는 것도 아니다.

<u>매일 밥을 먹고 잠을 자는 그 사이사이, 앉았다가 일어나는 그 사이사이가 모두 수행의 과정이다.</u> 모든 사람은 일상에서 수행을 훈련할 수 있다. 지금, 이 순간에도 깨달음을 얻어 자신의 정서를 살피고 내면의 평안을 얻어 번뇌와 고통에서 해탈할 수 있다.

"그때 공양 시간이 되어서 부처님께서 가사를 입고 발우를 들고 사위대성으로 들어가 탁발을 하셨습니다. 성안에서 차례로 비심을 마치고는 본래 처소로 돌아오셨습니다. 공양을 드신 뒤 가사와 발우를 거두고 발을 씻으신 다음, 자리를 펴고 앉으셨습니다."[1]

매번 『금강경』을 독송할 때마다 첫 장은 꼭 빼놓지 않고 읽는 편이다. 이 본문을 읽으면 석가모니와 제자들이 승복을 걸치고 손에는 발우 사발을 든 채 마을로 들어가 밥을 빌어먹는 탁발 장면이 머릿속에 생생하게 펼쳐진다. '탁발'[2]은 인도의 전통으로 비천하거나 부끄러운 행위가 아닌 평범한 일상이다. 길에서 탁발을 마친 그들은 원래의 장소로 돌아와 함께 밥을 먹는다. 공양을 마친 석가모니는 발우를 챙기고 발을 씻은 뒤 땅을 다져 자리를 펴고 앉는다.

이 단순하고 간단한 행위가 내게는 큰 울림을 준다. 얼마나 일상적인

---

1 爾時, 世尊食時, 著衣持鉢, 入舍衛大城乞食. 於其城中次第乞已, 還至本處. 飯食訖, 收衣鉢. 洗足已, 敷座而坐.
2 불교의 수행 의식의 하나로, 수행하는 자가 남에게서 음식을 빌어먹는 행위이다.

일인가. 화려한 의식이 없음에도 불구하고 경건함이 느껴진다. 승려들이 "밥 먹고, 잠을 자는 모든 것이 수행"이라고 말하는 것도 그런 이유인 듯하다. 심지어 나는 <u>진정한 수행의 고수는 자신이 수행하고 있다는 사실조차 인지하지 못할 것으로 생각한다.</u>

    어머니를 돌본 삼십여 년 동안 나는 내 언행에 얼마나 많은 변화가 일어났는지 몸소 느낀다. 감정 변화가 크고 성질이 급해 잘 참지 못하고 욱한 적이 많았던 나는 삶의 모든 템포를 늦추고, 심지어 밥 먹는 것조차 천천히 하려고 의식적으로 노력했다. 한 숟갈을 입에 넣고 수십 번 씹는 연습을 꾸준히 했다.
    특히 어머니의 연세가 구십에 가까워지자 가뜩이나 거동이 불편했던 양반이 움직이는 속도가 더 느려졌다. 휠체어에서 소파로, 소파에서 침대로 가는 그 순간이 마치 동영상의 슬로모션처럼 이어진다. 치아도 예전 같지 않아서 밥 먹는 시간이 하릴없이 길고, 젓가락질이 시원찮아 반찬이며 밥풀이며 상에 떨어뜨리기 일쑤다. 하지만 나는 어머니를 통해 모든 사람이 어떻게 늙어 가는지를 미리 볼 수 있다. 속도를 늦추고 인내심으로 기다려 주는 대상은 사실 어머니가 아니라 미래의 나 자신이다.
    친구들은 어머니를 돌보느라 밤낮없이 집에만 묶여 있는 나를 안타까워한다. 그러나 나는 계획된 시간표에 따라 하루를 살면서 그 속에서 오히려 사유와 편안함을 느낀다.
    어머니를 하루이틀 돌보고 말 것이 아니기 때문에 나는 매일 잘 짜인 시간표에 따라 움직여야 한다. 일은 물론이요, 시간에 맞춰 어머니를 병원에 모셔 드려야 하고 식사를 챙겨 드려야 한다. 그러려면 나도 규칙적으로 자고 일어나야 한다. 이 책임을 짊어지는 일을 경험하지 않았다면 나처럼 취미 부자인 물병자리 남자는 진작에 나가떨어져 방탕하게 살았을지도 모른다.

삶에 제약이 있어야 더 많은 자유를 누린다

처음에는 어머니를 돌보면서 스트레스도 많이 받고 정서적으로도 감정이 널을 뛰었다. 하지만 점점 시간이 지나면서 규칙과 제약이 있는 삶의 장점을 경험했다. 시간에 맞춰 정량의 식사를 하고, 같은 시간에 자고 일어나며 과도한 사교 활동이나 회식을 하지 않다 보니 삶이 단순하고 편안해졌다.

지금의 나는 어머니를 돌보고 모시는 것이 삶의 유일한 우선순위다. 매일 어머니를 모시고 병원을 들락거리면서 세속적인 명예나 동료와의 경쟁, 화려한 취미 생활이나 향락에 대한 관심과 욕심이 사라졌다. 나의 욕망과 상념에 집착하지 않았더니 점점 무아의 지경에 가까워지고 있다. 삶에 제약이 생겼지만, 오히려 더 많은 평안과 자유를 얻은 것이다.

영성 혹은 불교에 관한 수업을 정말 많이 들었고, 운 좋게도 훌륭한 대사와 멘토를 많이 만났다. 또 자기 수련, 자기 정진과 관련한 책도 많이 읽었다. 그러나 진정한 변화는 일상의 소소한 부분에서 느낀 깨달음에서 일어났다. 깨달음에서 시작한 결정과 선택으로 나는 최대한 집념에 사로잡히지 않는 사람으로 살아가는 중이다.

금강경 한 구절

이시, 세존식시, 착의지발, 입사위대성걸식. 어기성중차제걸이, 환지본처. 반사흘, 수의발, 세족이, 부좌이좌.

爾時, 世尊食時, 著衣持鉢, 入舍衛大城乞食. 於其城中次第乞已, 還至本處. 飯食訖, 收衣鉢. 洗足已, 敷座而坐.

『금강경·법회인유 제1분 金剛經·法會因由分第一』

해석 식사 시간이 되자 석가모니는 승복을 걸치고 발우를 든 채 제자들과 함께 길거리로 나가 음식을 구했다. 길에서 탁발을 마친 후 원래의 자리로 돌아왔다. 식사를 마치고는 발우를 정리하고 발을 깨끗이 씻은 뒤 자리를 펴고 앉았다.

마음에 와닿는 문장을 필사해 봅시다.

한 글자 쓰고 세상을 축복하고,
한 글자 쓰고 기도하고

오랫동안 새벽 수영을 하면서 재능 있는 친구를 많이 사귀게 되었다. 그중 한 명은 중년의 남성으로 키는 작은 편이지만 물속에서는 누구보다 빠르다. 그와는 쉬는 시간에 잠깐 이야기를 나누다가 친해졌는데, 직업은 약사로 개신교 신자라고 했다.

한 번은 초대를 받아 그의 집에 놀러 간 적이 있었는데 책상 위에 육백 자 원고지 한 무더기가 놓여 있는 걸 보았다. 그는 평소에 『성경』을 필사한다고 했다. 내가 놀란 눈으로 원고지를 내려다보자, 멋쩍은 웃음을 지으며 말했다.

"새벽에 눈이 떠져요. 일찍 일어나서 할 일은 없고 글씨 연습이나 하는 거죠, 뭐. 아내는 그 참에 가족들을 위해 기도나 해달라고 해요."

『성경』을 필사하는 이유도 마음을 다스리고 원하는 바를 기도하는 것이라니, 종교를 막론하고 그 목적은 비슷하다는 걸 깨달은 순간이었다.

나는 서른쯤에 『반야심경』 필사를 시작했다. 처음 시작하게 된 계기는 사찰에서 나눠 준 필사 용지였다. 처음에는 『반야심경』의 심오한 진리를 더 많이 이해하고 싶은 마음이 컸다. 또 필사하다 보면 문장을 외우기 쉬웠고, 그 김에 글씨 연습도 할 수 있어서 좋았다. 그러다가 나중에 한 법사님을 만나게 되었는데 그가 내게 『반야심경』을 꾸준히 필사할 것을 권했다. "당신은 『반야심경』과 인연이 깊네요. 49일 동안 쉬지 말고 계속 써 보세요. 인생에 선한 기운이 따를 겁니다."

당시 혈기 왕성했던 나는 그 말을 반신반의했다. 게다가 필사하면서 기도한다는 게 왠지 과도한 욕심처럼 느껴졌다. 뭔가 조건을 내걸고 신과 거래를 하는 느낌이었다. 그래서 처음에는 특별히 열심히 하지 않았다. 49일 연속으로 쓰기는커녕 쓰다 말기를 반복했다. 대부분 머리가 복잡하거나 일이 잘 풀리지 않을 때 마음을 정돈하기 위해 필사했다.

어머니가 병으로 쓰러지시고 아버지가 돌아가신 뒤 내가 집안의 가장이 되자, 인생의 어려움이 득달같이 몰려왔다. 누가 시키지도 않았지만 나는 먼저 나서서 불교 경전을 연구했고, 전심전력으로 경전을 필사했다. 그러면서 필사라는 행위가 한 사람의 몸과 마음을 수양하는 데 얼마나 큰 의미를 지니는지 알게 되었다. 앞서 말한 것처럼 마음을 정돈하고 암송하고 글씨를 연습하는 것 말고도 필사는 다음과 같은 중요한 세 가지 작용이 있다.

<u>첫째, 지속적인 필사는 두뇌를 단련한다.</u> 한자를 쓰면서 그 구조와 소리에 주의를 기울이자 글자의 모양, 방향, 획수는 물론 인지와 논리 관계에도 신경을 쓰게 됐다. 두뇌와 손의 협응을 통해 경전의 의미를 더 이해

하게 되었고, 암송하는 데 많은 도움이 되었다. 두뇌 운동을 활발하게 하니 치매 예방에도 도움이 되었다.

둘째, 명상하듯 집중력을 끌어올릴 수 있다. 필사만 하면 졸음이 온다는 사람들이 있다. 아마 그날 너무 피곤해서 집중이 잘되지 않아 그럴 수 있다. 이런 요소를 제외하고 꾸준히 연습해서 일정 수준에 도달하면 집중력을 끌어올려 마치 명상하는 듯한 상태에 들어갈 수 있다. 집중이 정말 잘되는 날은 우주에 떠 있는 것 같은 느낌이 든다.

셋째, 축복의 에너지를 넓힐 수 있다. 필사를 마치고 나면 자신과 가족, 중생을 위해 축복을 빌 수 있다. 이것은 마치 빛을 무한대로 굴절시킬 수 있는 거울을 들고 있는 것과도 같다. 필사를 통해 마음을 수련하고 이로써 축복의 에너지를 마음껏 굴절시켜 흘려보낼 수 있는 것이다.

필사를 통해 복을 쌓고 다른 이를 축복할 수 있다

대부분의 불교 신자는 필사를 통해 복을 쌓을 수 있다고 굳게 믿는다. 『금강경』에서는 경전을 받들고 독송하며 설파하는 것의 좋은 점을 여러 번 강조한다. 석가모니는 〈제15 지경공덕분 持經功德分〉에서 필사의 중요성에 관해 이렇게 언급했다.

"만일 어떤 사람이 이 경전을 듣고 믿는 마음에 어김이 없으면, 그의 복덕이 몸으로 보시한 사람보다 훨씬 많거늘, 하물며 이것을 필사하고 수지하고 독송하여 남에게 해설해 주는 사람이야 더 말

할 나위가 있겠느냐."³

지금처럼 종이가 흔하지 않았던 고대 시절을 생각하면 경전을 필사할 종이나 도구를 구하기가 쉽지 않았을 것이다. 그럼에도 석가모니가 필사의 방식을 언급한 것을 보면 그것이 얼마나 큰 의미를 지니는지 알 수 있다.

요즘에는 '필사를 정말 해야 하나?' '필사한 종이는 어떻게 처리하나?' '자원 낭비 아닌가?'라고 말하는 사람들도 있다. 어떻게 해야 할지, 어떤 선택을 할지는 오직 본인에게 달려 있다.

내 개인적인 경험에 따라 대답하자면 "그래도 필사해야 한다" 필사한 후의 종이는 개인적으로 보관해도 되고, 존중하는 마음으로 분리수거를 하거나 태워도 된다. 자원을 아끼고 지구를 사랑하는 건 다른 방식으로도 얼마든지 실천할 수 있다. 나무 심기 운동에 후원금을 보태는 방법도 있다.

수년간 『반야심경』을 필사하다 보니 조금 문장이 길고 내용이 많은 『금강경』 필사에 도전해 보고 싶은 마음이 생겼다. 『반야심경』과 『금강경』은 불교의 핵심 경전으로 각각 다른 형식과 각도로 '공무空無' '덧없음'의 의미를 풀어낸다. 『반야심경』은 260자로 이뤄져 있어 한 번에 죽 이어서 필사하고 끝낼 수 있지만, 약 5천 자로 구성된 『금강경』은 단락을 조금씩 나눠서 부분적으로 필사하는 방식을 추천한다.

3　若復有人, 聞此經典, 信心不逆, 其福勝彼. 何況書寫, 受持, 讀誦, 為人解說.

부디 필사를 통해 자기를 위해, 그리고 세계를 위해 기도하는 복을 누리고 그 기쁨을 알게 되기를 바란다.

금강경 한 구절

약부유인, 문차경전, 신심불역, 기복승피. 하황서사, 수지, 독송, 위인해설.

若復有人, 聞此經典, 信心不逆, 其福勝彼. 何況書寫, 受持, 讀誦, 為人解說.

『금강경·지경공덕 제15분 金剛經·持經功德分第十五』

해석 만일 이 경전을 읽고 믿음으로 마음에 거리낌이 없으면 그가 얻는 복은 앞에서 말했던 '몸으로 보시하는 사람'을 훨씬 능가한다. 하물며 이 경전을 필사하고 받들고 읽고 다른 이에게 해설해 주는 사람이 받을 복은 어떠하겠느냐. 헤아릴 수 없이 많으리라.

마음에 와닿는 문장을 필사해 봅시다.

화를 낼 수는 있지만
쏟아내서는 안 된다

G는 몇 년 전 창업을 했다. 처음에는 소규모로 시작했지만, 급속도로 성장해 지금은 50여 명의 직원과 함께 일하는 기업으로 성장했다. 하루는 그의 부탁으로 회사의 마케팅 방안을 검토하게 되었다. 자세한 내용을 듣고 싶어 약속을 정한 뒤 그의 사무실을 찾았다. 그런데 막 사무실에 도착했을 때, 그가 달아오른 얼굴로 실수를 저지른 직원을 훈계하는 모습을 보았다. 어떻게 해야 할지 몰라 망설이고 있는데 나와 눈이 마주친 그가 훈계를 멈추고 직원에게 일단 나와 회의할 때 필요한 자료를 준비해 오라고 지시했다. 한층 부드러워진 표정으로 그는 내게 인사를 건넸다. 오래 알고 지낸 사이인 만큼, 그동안의 안부를 주고받은 뒤 비교적 편안하고 즐거운 분위기 속에서 회의를 진행했다. 회의 시간에는 방금 훈계를 받은 그 직원이 프레젠테이션했다. 그는 아무 일도 없었던 듯 아주 안정적으로 준비한 자료를 정갈하게 발표했다.

회의가 끝나고 집에 돌아가려는데 큰비가 쏟아졌다. G는 다음 일정으로 자리를 떠나면서 그 직원에게 나를 1층까지 배웅하라고 했다. 나는 그 직원을 격려해 줄 생각으로 조금 전 회의에서 진행한 프레젠테이션이 너무 좋았다고 말했다. 그러자 그는 다행히 조금 전 G가 회의 전에 잘못된 부분을 지적하고 내용을 수정해 주어서 정확하게 소개할 수 있었다고 말했다.

"회의 전에 상사에게 혼났는데, 기분 상하지 않았어요?"

나의 물음에 그는 이렇게 대답했다.

"대표님이 욱하는 성질은 있지만, 또 뒤끝도 없는 분이거든요. 동료들은 대표님 기분이 손바닥 뒤집듯 확확 변해서 맞추기 어렵다고 하지만, 저는 알아요. 대표님은 화를 낼지언정 그걸 우리에게 쏟아내지 않아요. 그냥 주의를 주실 뿐이죠. 그래서 상처받거나 관계가 틀어지는 일이 없는 것 같아요."

택시에 올라타 집으로 가는 길에 나는 G도 그렇고, 그 직원도 그렇고, 모두 운이 좋은 사람들이라고 생각했다. 그들은 서로를 잘 알고 이해해 주는 건 물론, 순간적으로 일어난 감정이 자연스럽게 흘러가도록 내버려 둘 줄 아는 사람들이었다. 그래서 관계에 막힘이 없었다. 감정을 과하게 억압하지도, 갑자기 폭발시키지도 않는 것이 비결인 것 같았다.

화가 난 감정을 다른 사람에게 보여 줄 수는 있지만, 그렇다고 분노를 분출해서는 안 된다. 나의 화난 모습을 상대에게 보여 주는 이유는 관계 사이에 경계가 있다는 걸 일깨워 주기 위함이다. 그러니 진짜로 분노를 표출해서는 안 된다. 그렇지 않으면 관계에 상처를 입히고 자존감을 무너뜨릴 수 있다.

'감정이 손바닥 뒤집듯 변한다'라는 말은 어떻게 보면 부정적으로 들릴 수 있지만, 또 다른 각도에서 생각해 보면 자신이 느끼는 감정을 적절하게 드러내고 있다는 얘기다.

<u>감정을 적절하게 표현한 뒤 상대의 자존감이나 신체를 망가뜨리는 행위만 하지 않으면 관계는 얼마든지 다음 페이지로 넘어갈 수 있다. 마치 아무 일도 일어나지 않았던 것처럼 말이다.</u>

상대가 아무리 분노하고 흥분해도 그 감정에 내가 영향을 받지 않고 그 '자리'에서 빠져나올 수만 있다면 괜찮다. '내가 틀린 게 있으면 고치고, 틀린 게 없으면 경고로 받아들이자'라는 마음으로 상대가 전하고 싶은 메시지를 정확히 분별하면 내 존엄과 서로의 관계 모두를 지킬 수 있다.

수시로 변하는 환경에 의존하지 말라

『육조단경六祖壇經』에 등장하는 유명한 일화다. 사원에서 두 승려가 바람에 흩날리는 깃발 때문에 논쟁을 벌이고 있었다. 두 사람의 입장은 확연히 달랐다. 한 승려는 "깃발이 흔들리는 소리"라고 했고 다른 한 승려는 "깃발이 흔들리는 소리가 아니라, 바람이 부는 소리"라고 했다. 두 사람이 멈추지 않고 계속 다투자, 곁에 있던 스승 육조회능六祖惠能이 말했다.

"이는 깃발이 흔들리는 소리도 아니요, 바람이 부는 소리도 아니다. 너희들의 마음이 동요하는 소리다."

『금강경』에도 비슷한 구절이 등장한다.

"어떠한 모습에도 사로잡히지 말 것이며, 언제 어디에서도 흔들림이 없어야 할지니라."[4]

쉽게 풀이하면 '세상 만물의 본질을 알고 나면 마음이 쉽게 동요하지 않는다'라는 뜻이다. 조금 더 깊이 들여다보면 '언제 어디에서도'如如에 해당하는 이 글자의 본뜻은 '실제와 같이' '실제와 아무런 차이 없이 평등하고 공평하게'라는 뜻을 지닌다. 즉, 어디에도 마음을 나누지 않고 언제 어디에서도 같은 마음을 유지해야 동요하지 않는다는 뜻으로 해석할 수 있다.

<u>평정을 유지하라. 죽은 듯 멈춰 서서 아무것도 하지 말라는 말이 아니다. 내 정서와 감정을 충분히 느끼고, 그것을 적절히 조절할 수 있어야 한다. 그래야 외부의 어떤 동요에도 흔들리지 않는다.</u>

인생의 모든 것은 변한다. 우리의 감정도 예외는 아니다. 그러니 지금 내 마음속에 어떤 감정이 일고 있는지 잘 관찰하고 느껴야 한다. 그래야 빨리 그 정서를 안정시켜 평정을 유지할 수 있다. 일체 모든 보이는 것에 집착하지 않아야 한다. 보이는 것에 현혹되지 않아야 흔들리지 않는 편안함을 유지할 수 있다.

---

[4] 不取於相, 如如不動.

금강경 한 구절

불취어상, 여여부동.

不取於相, 如如不動.

『금강경·응화비진 제32분 金剛經·應化非真分第三十二』

해석 일체 모든 사물의 겉모습에 집착하지 않으면 보이는 모습의 변화 때문에 쉽게 마음과 생각이 동요하지 않을 것이다.

마음에 와닿는 문장을 필사해 봅시다.

오는 것도 아니고
가는 것도 아닌 여래 如來

        그해 겨울은 유난히 추웠다. 설 연휴를 앞둔 어느 날 새벽, 하얗게 드리운 안개가 땅까지 무겁게 내려앉아 거대한 안개구름을 만들었다. 호텔 건물들이 마치 연못 위에 둥둥 떠다니는 것 같았다.

  지난밤, 잠들기 전에 사람들이 복도를 지나가는 소리를 들었다. 단체 손님인듯했다. 창밖을 보니 안개 속에서 한 무리가 어딘가를 향해 천천히 걸어가는 중이었다. 로비로 내려가 직원에게 물었더니, 근처 사찰에서 열리는 새벽 법회에서 기도를 올리기 위해 멀리서 온 손님들이라고 했다. 나는 곧장 외투를 걸치고 밖으로 나와 무리를 따라 사찰로 향했다. 산봉우리들 사이로 수백 개의 석주 불상이 장엄하고 웅장하게 자리하고 있었다. 대웅보전 안에는 석가모니 연좌상이 신성하고 자비로운 얼굴로 들어서 있었다.

제5장

수행을 통해 비움을 경험하다, 무득이수

수천 년 동안 이토록 많은 사람이 법당을 찾아 두 손 모아 각자 마음에 소원하는 바를 간절히 기도했다고 생각하니 가슴이 뭉클해졌다. 그러나 그중에는 미처 이뤄지지 않고 땅에 떨어지는 기도도 있을 터였다. 그러면 실망한 사람들, 특히 언제나 신이 자기와 함께한다고 굳게 믿었던 사람들의 마음에는 이런 의구심이 생겨날 것이다.

'신이시여, 당신은 어디에 계십니까? 혹시 제 기도를 못 들으신 건 아닌가요?' 거기에 대한 시원한 답을 얻지 못한 사람들은 시간을 정해 매일 같이 법당을 찾아 기도를 올린다. 하지만 마음속에는 사라지지 않는 의심이 존재한다. '진짜 여기 계시긴 한 겁니까?'

어릴 때는 치기 어린 마음에 '신이 여기 계시지 않는다면 나는 대체 누구에게 기도를 올리는 거지?'라고 생각하기도 했다. 모든 게 덧없고 부질없다는 생각도 들었다.

그러나 시간이 지나면서 나는 그 자리에 설령 신이 없다고 할지라도, 신은 시공간의 제약을 받지 않고 무엇으로든 변할 수 있으므로 변법을 사용해 신도들의 기도를 듣고 문제를 해결해 줄 수 있다는 믿음이 생겼다.

누군가는 "모 사찰의 모 신이 그렇게 신통하다더라"라는 등의 소문에 휩쓸려 무리를 따라가기도 한다. 특정 시간에 법당 안에 발을 들여야 기도가 이뤄지며 다른 시간에 가면 영혼이 사해四海를 떠돌며 방랑한다는 말을 믿기도 한다. 나는 그저 그것들이 낭만적으로 느껴지기도 하고 귀엽게 들리기도 한다.

티끌과 같은 중생의 만남과 이별

"수보리여! 만일 어떤 사람이 '여래가 오고, 가고, 앉고, 눕고 하는 것 같다'라고 말한다면 그 사람은 내가 말한 속뜻을 이해하지 못하였느니라. 왜냐하면 '같을 여如'자와 '올 래來'자를 써서 '여래'라고 한 것은 어디에서 오는 곳도 없고, 또한 어디로 가는 곳도 없기 때문에 '오는 것 같다'라는 뜻으로 '여래'라 이름하였을 따름이니라."[5]

『금강경』에서 석가모니가 '여래'에 대해 설명하는 장면으로 큰 지혜가 담겨 있는 구절이다. 대략적인 뜻을 풀이하면 '여래'에는 고정적인 형식이 없다. 자연스럽게 흘러가는 불교 세계의 규칙을 따라서 오고 가는 것이기에 정해진 형식이라는 건 존재하지 않는다. 그러므로 부처는 형식에 구애받지 않고 앉거나 서기도 하고, 때로는 눕기도 하며 오고 가는데, 이를 다만 '여래如來'라고 칭할 뿐이다.

사랑에 빠진 연인들 사이에는 이런 대화가 오간다. "어디야?" "네 마음 속" 사랑하는 사람을 생각하고 마음속에 품으면 어딜 가든지, 언제든지 함께할 수 있다.

이런 의미에서 보면 부처에게 기도를 드릴 때는 시간이나 장소를 특정할 필요가 전혀 없다. 그보다는 기도를 올리는 사람의 마음에 부처가 있는지, 망상이나 잡념은 없는지가 중요하다. 상념은 모든 기도의 결과

---

[5] 須菩提! 若有人言: "如來若來, 若去; 若坐, 若臥," 是人不解我所說義. 何以故? 如來者, 無所從來, 亦無所去, 故名如來.

에 영향을 주기 때문이다. 이 상념을 없애기 위하여 『금강경』을 독송하거나 필사하는 것이다.

모든 영혼은 물리적인 공간의 제약을 받지 않고 자유롭게 드나들 수 있다. 수행의 정도가 높은 사람일수록 그 제약이 적다. 반면 수행의 정도가 낮은 영혼은 에너지가 적으므로 활동 시간이나 공간에 제약이 따른다. 양기가 부족한 사람이 밤이 되면 음기의 간섭을 많이 받는 것과 같은 원리다. 음력 7월, 귀신이 드나드는 귀문관鬼門關이 열리면 지옥에 떨어져 배회하던 외로운 영혼이 빠져나온다는 얘기도 같은 맥락이다.

모든 중생은 우주 속의 작은 먼지와도 같다. 모든 만남과 이별에는 뜻이 있으니 걱정하거나 염려할 필요가 없다. 설령 어깨만 살짝 스쳐 지나간 인연이라 할지라도 그에게 사랑과 자비를 베풀 수 있다. 그러니 혹시 신이 내 기도를 듣지 않을까 염려하고 전전긍긍할 필요가 없다.

금강경 한 구절

여래자, 무소종래, 역무소거, 고명여래.
如來者, 無所從來, 亦無所去, 故名如來.

『금강경·위의적정 제29분 金剛經·威儀寂靜分第二十九』

해석 소위 '여래'라 함은 그 본성이 자유롭고 어떠한 형식에도 제약을 받지 아니하니, 소위 '오는 것'도 아니고 '가는 것도' 아니니라. 그러므로 그 이름을 '오는 것과 같다'라는 뜻의 '여래'라 칭한 것뿐이다.

마음에 와닿는 문장을 필사해 봅시다.

좇으면 좇을수록
공허해지는 이유

불교 경전을 공부하기 시작한 뒤로 영적 체험에 관심이 커지면서 관련 수업도 정말 많이 듣고 작은 심리 상담실을 운영하기도 했다. 어떤 사람은 무료로 상담해 주기도 했고, 때로는 돈을 받기도 했다.

가령 예전에 한 전문가의 부탁으로 미국의 영성 심리 전문가를 대만에 초청해 강연을 진행한 일이 있었다. 당시 그 강사에게 수업료와 교통비, 식사 및 숙소 등의 비용이 전부 지원되었는데 이 금액만 5천만 원 가까이 들었다. 그뿐 아니라 수행 통역과 강연 자료 인쇄, 현장 동시통역 및 행사장 임대 비용까지 모두 지원했다. 총 3박 4일에 걸쳐 진행한 이 강연에 수강생들은 50만 원이 넘는 비싼 참가비를 냈지만, 알찬 강연이라 피드백이 좋았다.

이런 구조로 진행하는 행사의 경우에는 이윤이 거의 남지 않는다. 그저 훌륭한 강사를 초빙해 사람들에게 좋은 강연을 접하게 해 준다는 데 의미를 두는 편이다. 여기에 동의하는 학생은 가성비가 좋다고 느끼지만, 이해하지 못하는 사람은 대체 그 비싼 돈을 내고 왜 그런 강연에 가느냐며 혀를 내두른다. 심지어 사기꾼은 아닌지 의심하기까지 한다.

수강료에 관한 생각은 사람마다 다를 수 있다. 그들의 걱정이 이해되지 않는 건 아니다. 사회적으로 사이비 종교에 가까운 단체와 조직들이 성행하고 있고, 행사를 개최한 뒤 재무 상황에 대해서는 쉬쉬하는 일도 비일비재하다. '종교 행사'라는 명목으로 사람들을 현혹해 수년 치 헌금을 걷어 제 주머니에 넣어 버리는 교주들도 많다.

심지어 여행 시장에는 호화로운 '프리미엄 성지순례' 상품까지 등장해 사람들을 모아 해외로 단체 관광을 가기도 한다. 어마어마한 비용을 내야 하기에 동참하는 사람들이 없을 것 같은데 의외로 그 수가 많다. 종교 관련 시장에 대한 수요와 공급이 잘 맞아떨어지는 게 신기할 따름이다.

종교 생활을 하다 보면 영적 체험을 갈망하는 사람들이 많다. 그와 관련해 투자하는 돈은 본인이 감당할 수 있는 범위 안에서 적당히 활용하는 것이 좋다. 하지만 잘못된 정보에 현혹되어 가산을 탕진하고 가족을 버리는 경우도 발생하니 실로 답답하고 안타까울 따름이다.

분명 처음에는 영적 체험을 갈망하는 마음에 시작한 것이었는데 왜 결과는 이토록 참담한 것일까? 사이비 종교를 연구하는 전문가들은 당사자가 '영적 체험'에 중독되기 때문이라고 지적한다. 그 근본적인 원인은 마음의 공허함에서 기인하는데, 번뇌와 의문, 불안을 해소하기 위해 영적 체험을 시도했다가 이것에 의존하는 마음이 생겨 관련 수업에 더 많이 참여하고 더 많은 돈을 쓰게 된다고 말한다. 후기 중세 시대에 가톨릭에서 돈을 주고 '면죄부'를 사던 것과 비슷한 맥락이다. 그러나 이러한 것은 좇으면 좇을수록 집념이 강해지고 함정은 더 깊어진다.

완벽하지 않아도 괜찮다

영적 체험에 중독되는 것은 사실 알코올이나 담배, 마약 중독과 크게 다르지 않다. 돈이나 명예, 행복이나 사랑도 예외는 아니다. 과도하게 추구하는 무언가가 있다는 건 완벽하지 않은 현실을 받아들이지 못한다는 뜻이기도 하다. 그 허술한 현재로부터 탈출하기 위해 전력을 다하며 자신이 꿈꾸는 미래에 집착하는 것이다. 그러면서 관련 수업을 많이 들을수록, 돈을 많이 쓸수록 강력한 영적 체험과 성장을 할 수 있다고 믿지만, 그건 큰 착각이다.

<u>영적 체험의 본질은 마음을 정돈하고 더 많이 내려놓는 것이다. 무언가를 더 많이 추구하는 것이 아니라는 말이다.</u>

"이 깨달음은 평등하여 높고 낮음이 있지 아니하고"[6]

『금강경』에서 말하는 것처럼 내가 비천하여 진리를 얻지 못할 것이라

---

6 是法平等, 無有高下.

염려하는 것도, 혹은 돈을 많이 쓰면 진리를 얻을 수 있을 것이라 여기는 것도 망상에 불과하다. 평안을 얻으려면 돈을 많이 쓸 필요도 없고, 어떤 조건을 갖춰야 할 필요도 없다. 가장 기본적인 호흡부터 연습해 보자. 들이마시는 숨과 내쉬는 숨에 집중해 보자. 그런 다음 현재 내가 내뱉은 숨과 들이마신 숨을 순수하게 망각하는 훈련을 하도록 하라. 이 과정을 통해 망상을 제거하고 나를 내려놓는 경험을 하게 될 것이다.

호흡을 훈련하는 과정에서 잡념을 없앴다면 그것으로 미미한 해탈을 경험한 것이다. 불교에서 말하는 '열반'의 수행 과정도 이와 같다.

금강경 한 구절

법평등, 무유고하, 시명아뇩다라삼먁삼보리. 이무아, 무인, 무중생, 무수자, 수일체선법, 즉득아뇩다라삼먁삼보리.

法平等, 無有高下, 是名阿耨多羅三藐三菩提. 以無我, 無人, 無眾生, 無壽者, 修一切善法, 即得阿耨多羅三藐三菩提.

『금강경·정심행선 제23분 金剛經·淨心行善分第二十三』

해석 이 법은 평등하여 높고 낮음을 구분하지 않으니 이것이 바로 '무상정등정각'이라는 최고의 깨달음이라. 나도 없고, 타인도 없으며, 중생도 없고, 오래 살고자 하는 마음을 없애고 밝은 마음으로 선법을 닦으면, 곧 '무상정등정각'의 최상의 깨달음을 얻을 수 있느니라.

마음에 와닿는 문장을 필사해 봅시다.

당신을 위해서라면
수천 번, 수만 번이라도

『금강경』에서 석가모니와 수보리의 대화 중에 "바른 마음은 어디에 머물러야 하며, 삿된 마음은 어떻게 항복받아야 하겠습니까?"[7]라는 질문이 등장한다. 수보리는 이와 똑같은 질문을 제2분과 제17분에서 두 번 반복했다. 대략적인 뜻은 '무상정등정각'이라는 '최상의 깨달음을 얻은 뒤에 이것을 어떻게 유지해야 하며, 어떻게 해야 망상과 잡념을 없앨 수 있느냐'라는 질문이다.

이에 대한 불교학 전문가들의 의견은 각기 다르다. 어떤 학자들은 질문의 차원이 다르다고 말한다. 첫 번째 질문의 초점은 '마음'에 있는 것으로 석가모니가 이를 꿰뚫어 본 뒤 '마음'에 집착하지 말 것을 여러 번 강조했다고 말한다. 설령 중생을 옳은 길로 인도한다고 하더라도 실제

---

7 云何應住? 云何降伏其心?

로 열반에 이른 중생이 없는데, 그 이유는 중생도 부처와 다르지 않아서 스스로 깨달음을 얻고 열반에 이를 수 있기 때문이다. 그래서 중생의 평등함을 누차 강조하며 '나'라는 집념, '남'이라는 집념, '중생'이라는 집념, '오래 살고자' 하는 집념에 집착하지 말 것을 가르친다.

그러나 수보리의 두 번째 질문을 살펴보면 이미 '공空'의 개념을 깨달아 석가모니에게 자세한 설명을 요청한다.

또 다른 학자들의 견해에 따르면 현재 우리가 읽는 『금강경』은 두 가지 버전이 합쳐진 것이라서 질문이 두 번 등장했다고 한다. 하지만 이상의 주장은 모두 완벽하게 검증된 것이 아니므로 참고만 하는 것이 좋다.

어쨌든 "바른 마음은 어디에 머물러야 하며, 삿된 마음은 어떻게 항복받아야 하겠습니까?"라는 질문은 『금강경』 전체를 대변하는 문장과도 같다. 이에 대한 석가모니의 가르침은 하나다. <u>평온한 자비심을 유지하여 이로써 망상을 없애고 번뇌를 끊어내, 걱정과 염려에 휩싸인 나를 내려놓고 진정한 무아의 경지를 경험하여 나를 포함한 세상 모든 것이 허무하고 헛되다는 진리를 깨닫는 것이다.</u>

『육조단경』에 나오는 일화다. 중국 선종 제5조 홍인대사弘忍大師가 의발衣鉢[8]을 전수하기 위해 제자들에게 게송偈頌[9]을 지어 오게 했다. 당시 제자 중 가장 뛰어나다고 하는 신수神秀가 다음과 같은 게송을 지어 왔다.

---

[8] 가사(袈裟)와 바리때. 전법(傳法)의 표시(表示)가 되는 물건으로 스승으로부터 전수한 불교의 오의(奧義)의 뜻으로도 불림.

[9] 불교에서 부처의 공덕이나 가르침을 찬탄하는 한시(漢詩) 형식의 노래.

"몸은 보리수[10]요 마음은 명경대[11]라. 부지런히 털어내어 먼지 일지 않게 하리라."[12]

마음이 거울과 같아서 부지런히 돌보지 않으면 쉽게 먼지에 뒤덮인다는 뜻이다. 보통 출가한 스님들 말에 따르면 어린 제자들에게 처음 수행의 과정으로 빗자루질을 시킨다고 한다. 때로는 그 수행이 몇 년이고 이어지는데, 오랜 시간이 지나도 통과하지 못하는 이도 있다고 한다.

고작 땅에 비질하는 것인데, 통과할 것은 무엇이고 또 통과하지 못할 것은 무엇이란 말인가? 사실 이것은 인내력과 체력을 길러 주는 것은 물론, 깨달음을 얻게 한다. 땅을 깨끗하게 쓸어내는 행위를 통해 내면에 평온을 찾는 것이다. 그런데 바람이 불거나 나뭇잎이 계속 떨어지면 아무리 쓸어도 마당은 깨끗해지지 않는다. 그러면 마음도 평화를 찾지 못한다.

홍인대사는 제자 신수의 시를 보고 다른 제자들이 있는 곳에서는 그를 칭찬했다. 하지만 신수를 따로 불러내 "문턱에는 이르렀으나 그 문턱은 넘지 못했다"라고 말했다. 그런데 홍인대사 밑에 후미진 방앗간에서 혼자 방아 찧는 일을 8개월을 했던 혜능惠能이라는 청년이 다음과 같은 게송을 지어 온다.

---

10 불교의 창시자 석가모니가 뿌리에 앉아 깨달음을 얻은 나무.
11 이승에서 저승으로 가는 길에 있다고 전해지는 거울 모양의 바위.
12 身是菩提樹, 心如明鏡台; 時時勤拂拭, 勿使惹塵埃.

"보리는 본디 나무가 아니요, 명경 또한 대臺가 아니나니, 본래 아무것도 없었거늘 어디서 티끌이 일어나리오."[13]

홍인대사는 이 게송을 보고 그가 '공'의 개념을 깨달았음을 인정하고 의발을 전수해 주어 선종禪宗의 육조대사六曹大師가 된다.

'유'와 '무'에 대한 깨달음으로 인생의 지혜를 얻다

불교학을 연구하는 전문가들은 신수선사가 지은 '몸은 보리수요'는 '있을 유有'에 기반한 생각이며, 혜능선사가 지은 '보리는 본디 나무가 아니요'는 '없을 무無'에 기반한 것이라고 분석한다.

군 복무 2년 동안 나는 시간이 날 때마다 『육조단경』과 관련 서적을 많이 읽었는데, 그중에서도 단연 이 일화가 가장 재미있었다. 예전에는 두 선사가 지은 게송에 확실히 차이가 있다고 생각했다. 그러면서 만일 '신수선사의 게송이 없었다면 과연 혜능선사의 게송이 그토록 칭찬받을 일이 있었을까' 하는 생각도 들었다.

그러나 중년에 가까운 나이가 되면서 이 일화가 조금 다르게 다가왔다. 깨달음에는 '먼저'와 '나중'이 없다는 사실, 그저 자신을 내려놓는 사람이 열반의 섬에 도달할 뿐이라는 사실을 깨달았다.

---

[13] 菩提本無樹, 明鏡亦非台; 本來無一物, 何處惹塵埃?

어떤 사람은 경전을 읽다가 순간적으로 그 뜻을 모두 통달하기도 하고, 어떤 사람은 아주 오랜 시간 씨름하다가 깨달음을 얻기도 한다. 하지만 중요한 건 시간이 아니다. 매번 경전의 뜻을 생각하고 묵상할 때마다 그 뜻을 얼마나 깊이 깨닫는지가 중요하다.

부인에게 외도 사실을 들키고 마음을 잡고 가정으로 돌아가 다시는 그런 일이 없을 거라고 약속한 남성이 있었다. 하지만 그렇게 마음먹고 난 후에도 여전히 그 감정을 즉시 처리하지 못해 밤마다 부인이 아닌 다른 대상을 떠올렸다. 그가 내게 괴로워하며 말했다. "담배도, 도박도, 섹스도 전부 마약이랑 똑같이 끊기 어려운 것 같아요."

예전에는 사람들에게 "세상에 해결 못 할 일은 없다. 가장 다루기 어려운 게 사람 마음이다."라는 말을 많이 했었다. 하지만 『금강경』을 읽은 후로는 "어떻게 마음을 항복받아야 하오리까?"라는 질문에 석가모니가 내놓은 답이 인생의 수많은 문제를 해결하는 열쇠가 된다는 사실을 깨달았다. 자기 생각만 하면 집념을 내려놓기 힘들다. 그러나 나를 내려놓고 타인을 생각하면 사적인 욕심과 집착은 자연스레 사라진다.

나의 욕심을 내려놓을 때 비로소 얻게 되는 자유

소설 『연을 쫓는 아이』는 주인공 아미르가 어른이 되어 가면서 겪는 성장통과 아프가니스탄의 현실을 박진감 넘치게 그려내고 있다. 주인공 아미르가 사는 아프가니스탄의 수도 카불에서는 1년에 한 번 연싸움 행사가 열린다. 아미르는 유복한 집안의 아이로 어릴 때부터 하인의 아들인 하산과 함께 지냈다. 아미르는 연싸움 행사에서 우승해 아버지의 사랑을 받고 싶었다. 하산은 그런 아미르가 우승할 수 있도록 최선을 다해 돕는다. 그러나 이 시합에서 아미르는 하산이 불량배 패거리들에게 무차별 폭력을 당하며 자신의 연을 보호해 주는 현장을 목격하지만, 차마 나서지 못해 아무런 도움을 주지 못한다.

훗날 아미르는 미국으로 건너가게 되고, 26년이 지난 후 하산이 세상을 떠났다는 소식을 듣게 된다. 그리고 뒤이어 충격적인 소식을 듣는다. 두 사람이 배다른 형제였다는 사실이다. 하산이 남기고 떠난 아들은 아프가니스탄의 보육원에서 학대를 받으며 자라고 있었다. 아미르는 죄책감으로 점철된 자신의 인생을 돌아보며 다시금 '좋은 사람'이 되기 위한 인생의 길에 용감하게 발을 내디딘다. 그는 친구에게 부탁해 아버지의 죽음과 상처로 마음의 문과 입을 굳게 닫은 하산의 아들 소랍을 극적으로 구해낸다.

하루는 아미르가 소랍을 데리고 공원에 나가 연싸움을 알려 준다. 그러다가 소랍의 연이 바닥에 떨어지자 아미르는 연을 주우러 달려간다. 연을 향해 달려 쫓아가는 그 길, 그는 어린 시절의 하산이 되어 소랍에게 외친다. "너를 위해서! 수천 번, 수만 번이라도 주워 올게!" 이때 그동안 얼어붙었던 소랍의 얼굴에 아주 옅은 미소가 번지는 기적이 벌어진다. 사랑으로 인한 용서와 기적이, 가장 깊은 차원의 구속과 구제가 일어난 것이다.

혹시 살면서 누군가를 위해 '수천 번, 수만 번'이라도 다시 해 본 일이 있는가? "너를 위해! 수천 번, 수만 번이라도!"처럼 『금강경』은 읽고 또 읽어도 질리지 않는다. 석가모니는 경전을 통해 반복해서, 정으로, 반으로, 합으로 간단하면서도 단순한 하나의 사실을 계속 가르친다.

우주의 만물은 덧없다는 것을, 우주의 모든 것은 비어 있다는 것을. 개인의 욕심을 내려놓는 순간, 우리는 더 많은 것을 얻을 것이다.

금강경 한 구절

운하응주? 운하항복기심?

云何應住? 云何降伏其心?

『금강경·구경무아 제17분 金剛經·究竟無我分第十七』

해석 최상의 깨달음을 얻은 뒤에는 어떻게 해야 유지할 수 있겠나이까? 어떻게 해야 잡념이 일어날 때 그것을 항복시킬 수 있나이까?

마음에 와닿는 문장을 필사해 봅시다.

세상에서
가장 아름다운 이별

　　　　　　　살면서 우리는 몇 번이나 이별을 경험하게 될까? 가장 사랑했던, 내 목숨과도 같았던 사람과 이별하는 순간은 몇 번이나 될까?

　우리가 세상에서 가장 사랑하는 사람, 가장 아끼는 사람은 누굴까? 그것은 그 누구도 아닌 바로 나 자신이다. 그렇다면 이 '삶'이라는 여정의 종착지에서 우리는 어떠한 마음가짐으로 자신의 뒷모습을 잘 배웅해 주어야 할까?

　어른이 된 후에야 나는 나에게 '분리 불안증'이 있다는 걸 알게 되었다. 어릴 적 우리 집은 이사를 많이 다녔다. 그러면서 전학도 자주 다니게 되었다. 중·고등학교는 기숙사 생활을 했고, 대학생 및 사회인이 되어서는 독립해서 혼자 살았다. 가족들과 계속 모였다가 흩어지는 경험을 하면서 내게는 이별에 대한 두려움과 공포가 생겼다.

심리학을 공부하면서 나는 다시 어린 시절로 돌아가 그때의 나를 만났다. 너무 많은 상처가 있었지만, 목 놓아 시원하게 울어 본 적이 단 한 번도 없었다. 이별이 채 오기 전에 나는 이미 그 관계에서 벗어나 자신을 스스로 격리했다. 심리학에서는 이러한 현상을 가리켜 '해리解離'라고 한다. '해리'란 무의식적 방어기제의 하나로, 어떤 사건에서 나를 분리하고 격리하는 것을 말한다. 마치 자신을 그 사건 밖에 있는 사람으로 간주해 상처로부터 보호하려는 것이다. 비록 나의 상황은 병원 치료를 받을 만큼 심각한 수준은 아니었지만, 누군가와 이별할 때면 우울과 불안의 정서가 끝도 없이 나를 잠식했다.

인간관계에 관한 책을 쓰고 있을 때 독자와의 소통에서 이런 말을 한 적이 있었다. "누군가와 사랑에 빠지면 먼저 헤어질 준비를 하는 것이 좋습니다." 언뜻 보면 매우 이성적인 논리였지만, 사실 말도 안 되는 얘기였다. 방어기제가 그토록 예민하게 작동하는 상황에서는 절대 이별을 감당할 수 없었다. 다시 말해, 누구와도 친밀한 관계를 맺을 수 없다는 얘기였다.

이별의 아픔 정도는 상대를 얼마나 사랑했는지에 달려 있다. 물론 상대방의 배신은 예외라고 할 수 있다. 그러나 사랑하는 관계에서 제삼자의 개입 없이 오로지 서로를 사랑하다가 갑작스레 맞이하는 이별은 배신당한 것에 버금가는 감정이 든다. "내가 널 얼마나 사랑했는데! 네가 어떻게 날 버려!" 그런 기분을 느끼기 전에 나는 스스로 먼저 떠나 버렸다.

아버지가 돌아가시고 나는 비통한 심정으로 『아미타경阿彌陀經』을 여러 번 통독했다.

"부처님의 말씀을 듣고 기쁜 마음으로 믿고 받아 지니면서 예배하고 물러갔다."[14]

마지막에 나온 그 구절을 여러 번 읽고 나서야 나는 이별이 꼭 상실과 비참함, 참담함은 아니라는 걸 알게 되었다. 생명의 소중함을 깨닫고 난 뒤 누군가와의 만남이 무척이나 소중하고 귀중하다는 걸 조금씩 깨달았다. 아집을 내려놓아야 번뇌가 끊어진다.

"이 말씀을 듣고 모두 크게 기뻐하며 믿고 받들어 행하였습니다."[15]

몇 년이 흘러 다시 『금강경』을 탐독하게 되었을 때 마지막 문구가 『아미타경』의 그것과 유사한 것을 보면서 이별이라는 것이 잠시 잠깐의 형식일 뿐이라는 걸 깨달았다. '아침에 도를 깨달았다면 저녁에 죽어도 좋다朝聞道, 夕死可矣'는 해탈의 경지에 도달하면 서로의 만남과 이별에 연연하지 않고 이별한 후에도 상대를 여전히 좋아하고 아낄 수 있다는 걸 알게 되었다.

우리는 살면서 수많은 사람의 뒷모습을 배웅한다. 그 이별이 숨을 쉴 수 없을 만큼 아플 때도 있고, 홀가분하고 기쁠 때도 있다. 그러나 이 모

---

14   聞佛所說, 歡喜信受, 作禮而去.
15   聞佛所說, 皆大歡喜, 信受奉行.

든 감정은 그저 형식적인 분리일 뿐이다. 서로를 깊이 믿는다면 하늘 아래 언젠가는 어떤 형태로든 다시 만나게 된다. 그러니 형식적인 이별에 넘치도록 아파할 필요가 없다.

이런 생각으로 나는 천천히 나의 '분리 불안증'을 극복하기 시작했다. 물론 완전히 이별을 무시하는 정도까지는 아니지만, 상처가 올라올 때마다 최소한 어린 시절의 그 승강장으로 돌아가 기차에 몸을 싣고 멀리 떠나는 나를 지켜보며 손을 흔들어 줄 수는 있다.

모든 사람이 생의 마지막 순간에는 자기 자신에게 손을 흔들어 주어야 할 것이다. 사회 전체가 고령화되어 가는 이 시대에 어쩌면 우리의 마지막엔 '고독사'가 흔한 죽음의 형태가 될지도 모른다. 만일 그럴 가능성이 있다면 마음의 준비를 미리 하는 편이 좋다. 너무 잔인한 소리 아니냐고 할 수도 있지만, 깊이 생각해 보면 오히려 마음이 따뜻해지는 말이다. 죽을 때는 내가 지은 업만 가져간다. 아무것도 가져갈 수 없다. 그렇게 생각하면 마지막까지 미루는 것보다 오늘, 지금 당장 수행을 시작하는 것이 좋다.

나를 내려놓고 아집을 끊어내야 한다. 그것이 세상에서 가장 아름다운 이별이다.

『금강경』은 우리에게 번뇌를 내려놓고 자비를 베푸는 '보시'의 삶을 살라고 말한다. 나를 끊어내는 결단으로 모든 아집을 정리하라고 가르친다. 우리의 아집이 사라지는 순간, 자아는 더 이상 존재하지 않는다. 나를 주장하지 않고 고집하지 않는 순간, 나와 타인과의 경계는 사라지고 그 자리에 사랑과 자비가 남는다. 차별 없이 베푸는 사랑과 자비가 우리 사이에 생겨날 것이다.

금강경 한 구절

문불소설, 개대환희, 신수봉행.

聞佛所說, 皆大歡喜, 信受奉行.

『금강경·응화비진 제32분 金剛經·應化非真分第三十二』

해석 부처의 반야와 관련한 큰 가르침을 들은 뒤, 기쁨과 환희의 마음이 충만하여 모두가 그것을 믿고 받들어 실천하였더라.

마음에 와닿는 문장을 필사해 봅시다.

〈부록〉 『금강경』 쉬운 말 풀이

『금강반야바라밀경』

원전 요진 삼장법사 구마라습 역

풀이 우뤄취안

제1분. 법회가 열린 인연 _ 법회인유 法會因由

〖경전〗

如是我聞: 一時, 佛在舍衛國祇樹給孤獨園, 與大比丘眾千二百五十人俱. 爾時, 世尊食時, 著衣持鉢, 入舍衛大城乞食. 於其城中次第乞已, 還至本處. 飯食訖, 收衣鉢, 洗足已, 敷座而坐.

〖해설〗

이 경선은 저 아난阿難이 직접 들은 내용입니다. 당시 부처님께서 사위국 기수급고독원에서 1,250명의 덕망 높은 승려 및 제자와 함께 계셨습니다. 그때 공양 시간이 되어 부처님께서 가사를 걸치고 발우를 들고 사위대성으로 들어가 탁발을 하셨습니다. 성안에서 차례로 비심을 마치고는 본래 처소로 돌아오셨습니다. 공양을 드신 뒤 가사와 발우를 거두고 발을 씻으신 다음, 자리를 펴고 앉으셨습니다.

제2분. 수보리가 법을 청함 _ 선현기청 善現啟請

〖경전〗

時, 長老須菩提在大眾中, 即從座起, 偏袒右肩, 右膝著地, 合掌恭敬, 而白佛言:「希有世尊! 如來善護念諸菩薩, 善付囑諸菩薩. 世尊! 善男子, 善女人, 發阿耨多羅三藐三菩提心, 云何應住? 云何降伏其心?」佛言:「善哉善哉! 須菩提! 如汝所說, 如來善護念諸菩薩, 善付囑諸菩薩. 汝今諦聽! 當為汝說. 善男子, 善女人, 發阿耨多羅三藐三菩提心, 應如是住, 如是降伏其心.」「唯然, 世尊! 願樂欲聞.」

〖해설〗

그때 장로 수보리가 대중 가운데서 일어나 가사 袈裟[1]를 어깨에 걸치고 오른쪽 무릎을 바닥에 꿇은 뒤 합장하여 공경을 표하면서 부처님께 아뢰었습니다.

"희유하신 세존이시여, 여래께서는 여러 보살을 잘 보살펴 주고 모든

---

[1] 승려 복식 중 가장 상징적인 법복(法服)이다. 기원전 500년경 인도 카필라국의 태자 고타마 싯다르타가 출가할 당시 입고 있던 부드럽고 윤기 나는 비단옷을 사냥꾼의 거칠고 다 해진 옷인 카사야(kasaya)와 바꿔 입은 것에서 유래되었다.

보살을 잘 당부하여 주십니다. 세존이시여! 선남자善男子 선여인善女人[2]이 '무상정등정각無上正等正覺[3]'이라는 최상의 깨달음을 얻은 뒤에는 바른 마음을 어디에 머물러야 하며 삿된 마음을 어떻게 항복받아야 하겠습니까?"

부처님께서 말씀하셨습니다.

"훌륭하도다. 참으로 훌륭하도다! 수보리야, 그대가 말한 바와 같이 '여래가 모든 보살을 잘 보살펴 주고 모든 보살에게 잘 당부하여 맡겼노라.' 그대는 잘 살펴 듣도록 하라. 마땅히 그대를 위하여 말하겠노라. 선남자 선여인이 '무상정등정각'이라는 최상의 깨달음을 얻었으면 마땅히 바른 마음은 이와 같이 머물러야 하며 삿된 마음은 이와 같이 항복받아야 할지니라."

"예! 그렇게 하겠사옵니다. 세존이시여! 원하건대 제가 기꺼이 듣겠나이다."

제3분. 대승의 바른 의미 _ 대승정종大乘正宗

〖경전〗

佛告須菩提:「諸菩薩摩訶薩, 應如是降伏其心: 所有一切眾生之類—若卵生, 若胎生, 若濕生, 若化生, 若有色, 若無色, 若有想, 若無想, 若非有想, 若非

---

2 좋은 가문의 남자와 여자. 선한 공덕을 쌓은 남녀. 세속의 청중을 일컫는 이름.
3 부처님의 깨달은 경지. 세상의 그 어느 것과도 비교할 수 없는 뛰어나고 바른 깨달음. 완전한 깨달음. 아뇩다라삼먁삼보리(阿耨多羅三藐三菩提)라고도 함.

無想, 我皆令入無餘涅槃而滅度之. 如是滅度無量無數無邊眾生, 實無眾生得滅度者. 何以故? 須菩提! 若菩薩有我相, 人相, 眾生相, 壽者相, 即非菩薩.」

[해설]

부처님께서 수보리에게 말씀하셨습니다.

"모든 보살 마하살은 삿된 마음을 이렇게 항복받을지라. 온갖 무리의 모든 중생, 예컨대 알에서 나는 생명, 태에서 나는 생명, 습기에서 나는 생명, 탈바꿈으로 나는 생명, 모습이 있는 생명, 모습이 없는 생명, 생각이 있는 생명, 생각이 없는 생명, 생각이 있는 것도 없는 것도 아닌 생명, 이 모든 생명을 내가 완전한 열반에 들게 하여 그들의 번뇌와 업장을 소멸하고 불생불멸의 피안에 이르게 하리라. 비록 내가 무수히 많은 중생을 멸도⁴할 것이나 실로 멸도를 얻은 중생이 없느니라. 왜인고? 수보리야! 만일 '내가 그들을 멸도하였다'라는 생각에 사로잡히면 곧 '나'라는 상과 사람이라는 상, 중생이라는 상과 오래 산다는 상에 집착하는 것이나니 각기 다른 모습과 형태의 중생을 차별하여 대한다면 그는 보살이라 할 수 없느니라."

---

4 모든 번뇌의 얽매임에서 벗어나고, 진리를 깨달아 불생불멸의 법을 체득한 경지. 불교의 궁극적인 실천 목적.

제4분. 집착이 없는 보시 _ 묘행무주 妙行無住

【경전】

「復次, 須菩提! 菩薩於法應無所住, 行於布施. 所謂不住色布施, 不住聲, 香, 味, 觸, 法布施. 須菩提! 菩薩應如是布施, 不住於相. 何以故? 若菩薩不住相布施, 其福德不可思量. 須菩提! 於意云何? 東方虛空可思量不?」「不也! 世尊!」「須菩提! 南西北方, 四維上下虛空, 可思量不?」「不也! 世尊!」「須菩提! 菩薩無住相布施, 福德亦復如是不可思量. 須菩提! 菩薩但應如所敎住.」

【해설】

부처가 말하기를, "그리고 수보리야! 보살은 마땅히 어떤 관념에 머물지 말고 보시[5]해야 하느니라. 이른바 모양에 머물지 말고 보시해야 하며 소리, 향기, 입맛, 촉감, 관념에 머물지 말고 보시해야 하느니라. 수보리야! 보살은 이와 같이 보시하되 어떠한 모습에도 머물러서는 안 된다. 왜냐하면 만일 보살이 보이는 모습에 머물지 않고 보시하면, 그 복덕[6]이 이루 다 헤아릴 수 없으리라. 수보리야! 어떻게 생각하느냐? 동쪽 허공을 마음이나 생각으로 헤아릴 수 있겠느냐?"

"헤아릴 수 없나이다. 세존이시여!"

"수보리야! 남과 서, 북과 그 사이, 상하 모든 허공을 헤아릴 수 있겠느냐?"

---

5 자비심으로 복과 이익을 다른 사람에게 베푸는 행위.
6 과거와 현재의 선행으로 얻는 복과 공덕(功德).

"헤아릴 수 없나이다. 세존이시여!"

"수보리야! 보살이 어떤 모습에도 머물지 않고 보시한 복덕도 그와 같아서 이루 다 헤아릴 수 없느니라. 수보리야! 보살은 오직 가르침을 받은 대로 보시할 때 보이는 형상에 집착하지 않아야 할 것이라."

제5분. 참된 여래의 모습 _ 여리실견 如理實見

〖경전〗

「須菩提! 於意云何? 可以身相見如來不?」「不也! 世尊! 不可以身相得見如來. 何以故? 如來所說身相, 即非身相.」佛告須菩提:「凡所有相, 皆是虛妄. 若見諸相非相, 即見如來.」

〖해설〗

부처가 말하길, "수보리야! 어찌 생각하느냐? 겉모습으로 나를 알 수 있겠느냐?"

"알 수 없사옵니다. 세존이시여! 겉모습으로는 여래를 알 수 없습니다. 여래께서 말씀하신 겉모습은 진정한 모습이 아니기 때문입니다."

부처님께서 수보리에게 말씀해 주셨습니다.

"무릇 눈에 보이는 모습은 모두 허망하도다. 온갖 모습이 진짜 모습이 아님을 알면, 즉시 여래를 알게 되리라."

제6분. 올바른 믿음을 낼지어다 _ 정신희유 正信希有

〚경전〛

須菩提白佛言:「世尊! 頗有眾生得聞如是言說章句, 生實信不?」佛告須菩提:「莫作是說! 如來滅後, 後五百歲有持戒修福者, 於此章句能生信心, 以此為實. 當知是人, 不於一佛二佛三四五佛而種善根, 已於無量千萬佛所種諸善根. 聞是章句, 乃至一念生淨信者. 須菩提! 如來悉知悉見. 是諸眾生得如是無量福德. 何以故? 是諸眾生, 無復我相, 人相, 眾生相, 壽者相, 無法相, 亦無非法相. 何以故? 是諸眾生, 若心取相, 即為著我, 人, 眾生, 壽者. 若取法相, 即著我, 人, 眾生, 壽者. 何以故? 若取非法相, 即著我, 人, 眾生, 壽者. 是故不應取法, 不應取非法. 以是義故, 如來常說: 汝等比丘知我說法如筏喻者, 法尚應捨, 何況非法!」

〚해설〛

수보리가 부처님께 아뢰었습니다.

"세존이시여! 많은 중생이 이 말씀을 듣거나 이 글귀를 본 뒤에 그 미묘하고 심오한 뜻을 이해하면 진실한 믿음을 내겠나이까?"

부처께서 수보리에게 말씀하셨습니다.

"그런 의심은 할 필요 없다. 여래가 열반하고 2,500년이 흐른 뒤에도 여전히 복을 닦는 사람들이 있고, 이 문장과 글귀를 본 뒤 능히 믿음을 내고 충실하게 수행하는 자들이 나올 것이다. 이러한 자는 한두 부처에게만 선근善根7을 심은 것이 아니라 천만 부처님이 계신 곳에서 온갖 선근을 심은 것과 같으므로 이 문장이나 글귀만을 보고도, 혹은 한 번의 염송만으로도 맑은 믿음을 낼 것이니라. 수보리야! 여래는 모든 것을 다 알고 보나니 모든 중생은 이와 같이 한량없는 복덕을 얻으리라. 왜 그러한가? 중생들은 더 이상 자기만 생각하는 '아상', 자기와 남을 차별하는 '인상', 자기를 중생이라 여기는 '중생상', 자기는 오래 산다는 '수자상'과 같은 네 가지 망상이 없을 것이며, 실체라 여기는 망상도 없을 것이고, 실체를 부정하는 망상도 없을 것이라. 모든 중생이 마음에 어떤 망상을 가지면 나와 남과 중생과 목숨에 집착하게 되느니라. 만일 실체라 여기는 망상을 가져도 나와 남과 중생과 목숨에 집착하게 되나니, 실체를 부정하는 망상을 가져도 나와 남과 중생과 목숨에 집착하기 때문이라. 그러므로 실체를 부정하지 말아야 하느니라. 이런 연유로 내가 늘 이런 말을 하였도다. '내가 말한 실체는 강을 건넌 다음에야 버려야 하는 뗏목과 같은 것이니라.' 실체도 버려야 하거늘 하물며 실체가 아닌 것은 어떠하겠는가!"

제7분. 얻을 바가 하나도 없다 _ 무득무설無得無說

[경전]

「須菩提! 於意云何? 如來得阿耨多羅三藐三菩提耶? 如來有所說法耶?」須

---

7 온갖 선(善)과 좋은 과보를 낳게 하는 근본.

菩提言:「如我解佛所說義. 無有定法. 名阿耨多羅三藐三菩提, 亦無有定法. 如來可說. 何以故? 如來所說法, 皆不可取, 不可說, 非法, 非非法. 所以者何? 一切賢聖皆以無為法而有差別.」

〖해설〗

부처가 말하길, "수보리야! 어떻게 생각하느냐? 내가 '무상정등정각'이라는 최상의 깨달음을 얻었느냐? 내가 말한 어떤 실체가 있더냐?"

수보리가 대답했습니다.

"여래께서 말씀하신 속뜻을 이해하기로는 어떤 특정한 실체가 있어서 '무상정등정각'이라고 이름한 것은 아니며, 또한 어떤 특정 실체가 있어서 말씀하신 것도 아닙니다. 여래께서 말씀하신 실체는 모두 취할 수도 없으며 말할 수도 없습니다. 실체가 아니며 실체가 아닌 것도 아닙니다. 일체의 현자와 성인들은 아무것도 없음을 실체로 삼았기 때문에 범부와 차별이 나옵니다."

제8분. 깨달음이 여기에서 나오다 _ 의법출생依法出生

〖경전〗

「須菩提! 於意云何? 若人滿三千大千世界七寶以用布施, 是人所得福德, 寧為多不?」須菩提言:「甚多! 世尊! 何以故? 是福德, 即非福德性, 是故如來說福德多.」「若復有人於此經中受持乃至四句偈等, 為他人說, 其福勝彼. 何以故? 須菩提! 一切諸佛及諸佛阿耨多羅三藐三菩提法, 皆從此經出. 須菩提! 所謂佛法者, 卽非佛法.」

【해설】

부처가 말하길, "수보리야! 어떻게 생각하느냐? 만일 어떤 사람이 삼천대천세계를 가득 채울 만큼 많은 금은보화로 보시한다면 이 사람이 얻는 복덕이 과연 많다고 하겠느냐?"

수보리가 대답했습니다.

"세존이시여! 당연히 아주 많습니다. 금은보화로 얻은 복덕은 유형의 보시이기 때문에 복덕이라 이름하는 것을 얻을 수 있습니다. 그러나 그 복덕은 복덕의 본성이 아닙니다. 그저 세상 사람들이 보시의 의미를 잘 이해하도록 여래께서 그리 말씀하신 것뿐입니다. 그 사람은 복덕을 아주 많이 받습니다."

부처님이 말씀하셨습니다.

"만일 어떤 사람이 이 경전을 받아 지니거나 혹은 사구게 등이라도 다른 사람에게 말해 준다면 그의 복이 앞사람보다 훨씬 뛰어나리라.

수보리야! 일체의 모든 부처님, 그리고 그 부처님들이 얻은 '무상정등정각'이라는 최상의 깨달음이 모두 이 경으로부터 나왔기 때문이니라.

수보리야! 이른바 '부처의 깨달음'이란 '부처의 깨달음'이라는 실체가 아니라 그저 '부처의 깨달음'이라 이름할 따름이니라."

제9분. 하나도 집착하지 말라 _ 일상무상一相無相

〚경전〛

「須菩提! 於意云何? 須陀洹能作是念: 我得須陀洹果不?」須菩提言:「不也! 世尊! 何以故? 須陀洹名為入流, 而無所入, 不入色聲香味觸法, 是名須陀洹.」「須菩提! 於意云何? 斯陀含能作是念: 我得斯陀含果不?」須菩提言:「不也! 世尊! 何以故? 斯陀含名一往來, 而實無往來, 是名斯陀含.」「須菩提, 於意云何? 阿那含能作是念: 我得阿那含果不?」須菩提言:「不也! 世尊! 何以故? 阿那含名為不來, 而實無不來, 是故名阿那含.」「須菩提! 於意云何? 阿羅漢能作是念: 我得阿羅漢道不?」須菩提言:「不也! 世尊! 何以故? 實無有法, 名阿羅漢. 世尊! 若阿羅漢作是念: 我得阿羅漢道, 即為著我, 人, 眾生, 壽者. 世尊! 佛說我得無諍三昧, 人中最為第一, 是第一離欲阿羅漢. 世尊! 我不作是念: 我是離欲阿羅漢. 世尊! 我若作是念: 我得阿羅漢道, 世尊則不說須菩提是樂阿蘭那行者. 以須菩提實無所行, 而名須菩提是樂阿蘭那行.」

〚해설〛

부처가 말하길, "수보리야! 어떻게 생각하느냐? 수다원이 '나는 수다원이란 경지를 얻었다'라는 생각을 할 수 있겠느냐?"

수보리가 말하였습니다.

"아니옵니다. 세존이시여! 수다원을 '성인의 지위에 든다'고 말하지만 실로 어디에 들어간 바가 없으며, 모양이나 소리나 향기나 입맛이나 촉감이나 관념의 경지에도 들지 않았는데 그저 그 이름을 '수다원'이라 했을 뿐이기 때문입니다."

"수보리야! 어떻게 생각하느냐? 사다함斯陀含8이 '나는 사다함이란 경지를 얻었다'라는 생각을 할 수 있겠느냐?"

수보리가 말하였습니다.

"아니옵니다. 세존이시여! 사다함을 '천상에 한 번 갔다 왔다'고 말하지만 실로 다녀온 적이 없으며 그저 그 이름이 '사다함'일 뿐이기 때문입니다."

"수보리야! 어떻게 생각하느냐? 아나함阿那含9이 '나는 아나함이란 경지를 얻었다'라는 생각을 할 수 있겠느냐?"

수보리가 말하였습니다.

"아니옵니다. 세존이시여! 아나함을 '인간세계에 다시 오지 아니한다'고 말하지만 실로 오지 않은 적이 없으며 그저 그 이름이 '아나함'일 뿐이기 때문입니다."

"수보리야! 어떻게 생각하느냐? 아라한阿羅漢10이 '나는 아라한의 경지를 얻었다'라는 생각을 할 수 있겠느냐?"

수보리가 말하였습니다.

"아니옵니다. 세존이시여! 실로 어떤 실체가 있어서 '아라한'이라 이름한 것이 아니기 때문입니다. 세존이시여! 만일 아라한이 '나는 아라한의 경지를 얻었다'라고 생각한다면 나와 남과 중생과 목숨에 집착하게

---

8   한 번 태어나서 깨닫는다고 하여 '일래(一來)' 또는 '일왕래(一往來)'라고도 한다. 성문 사과의 두 번째. 사다함은 세상에 한 번만 다시 태어나 깨닫고, 그 후에는 다시 세상에 태어나는 일이 없다.

9   성문 사과의 세 번째. 미혹한 세계로 돌아오지 않는다는 뜻으로 불환(不還) 또는 불래(不來)라고도 한다.

10 수행을 완성하여 존경과 공양을 받을 수 있는 성인의 지위. 성문 사과의 네 번째. 나한(羅漢)이라고 약칭하고 응공(應供) 또는 무학(無學)이라고도 한다.

됩니다. 세존이시여! 부처님께서 '수보리는 다툼이 없는 삼매의 경지를 얻은 사람 중에 으뜸이고, 욕심을 떠난 제일의 아라한이다'라고 말씀하셨지만, 세존이시여! 저는 '내가 욕심을 떠난 아라한이다'라는 생각은 하지 않습니다. 세존이시여! 제가 만일 '나는 아라한의 경지를 얻었다'라고 생각했다면 세존께서 '수보리야말로 아란나阿蘭那11 수행을 즐기는 사람이로다!'라고 말씀하지 않았을 겁니다. 저 수보리는 실로 그런 수행을 한 바가 없사오며 그저 이름이 수보리일 따름이고 아란나 수행을 즐길 뿐이옵니다."

제10분. 불국토를 장엄하다 _ 장엄정토莊嚴淨土

【경전】

「於意云何? 如來昔在然燈佛所, 於法有所得不?」「不也! 世尊! 如來在然燈佛所, 於法實無所得.」「須菩提! 於意云何? 菩薩莊嚴佛土不?」「不也! 世尊! 何以故? 莊嚴佛土者, 卽非莊嚴, 是名莊嚴.」「是故須菩提! 諸菩薩摩訶薩, 應如是生淸淨心, 不應住色生心, 不應住聲, 香, 味, 觸, 法生心, 應無所住而生其心. 須菩提! 譬如有人, 身如須彌山王, 於意云何? 是身爲大不?」須菩提言:「甚大! 世尊! 何以故? 佛說非身, 是名大身.」

【해설】

부처님께서 수보리에게 말씀하셨습니다.

---

11 원래는 산림, 황야를 가리키는 말인데 출가인이 수행하기에 적합한 사원을 말한다. 원리처(遠離處), 적정처(寂靜處), 무쟁처(無諍處)라고도 한다.

"어떻게 생각하느냐? 내가 전생에 연등燃燈부처님[12] 처소에 있었을 때 어떤 깨달음을 얻은 바가 있느냐?"

"없습니다. 세존이시여! 여래께서 연등부처님 처소에 계실 때 실로 어떤 깨달음을 얻은 바가 없습니다."

"수보리야! 어떻게 생각하느냐? 보살이 불국토佛國土[13]를 장엄莊嚴[14]하느냐?"

"아닙니다. 세존이시여! 불국토를 장엄한다는 것은 실로 '장엄'이라는 실체가 아니라 그 이름이 '장엄'일 뿐이기 때문입니다."

"그러므로 수보리야! 모든 보살마하살菩薩摩訶薩[15]은 응당 이와 같이 맑고 깨끗한 마음을 내어야 하느니라. 어떤 모양에 머물지 말고 마음을 낼 것이며 소리나 향기나 입맛이나 촉감이나 관념에도 머물지 아니하고 마음을 내어야 할지니라. 마땅히 어떤 것에도 머무르는 바 없는 본연의 마음을 내어야 하느니라. 수보리야! 비유하자면 어떤 사람의 몸이 수미산須彌山[16]만큼 크다면 어떻게 생각하느냐? 그의 몸집이 크다고 할 수 있겠느냐?"

수보리가 대답했습니다.

"대단히 큽니다. 세존이시여! 부처님께서 말씀하신 것은 실제의 몸이

---

12 과거세(過去世)에 출현하여 붓다를 보고 미래에 부처가 될 것이라 예언한 부처님. 보광불(普光佛), 정광불(錠光佛)이라고도 함.

13 ①부처님의 나라 ②부처님이 계시는 나라 ③불교가 행해지고 있는 나라.

14 건립. 훌륭하게 배치하거나 배열함.

15 보리살타, 마하살타의 준말. 보리는 '깨닫다'라는 뜻이고 살타는 '중생'이라는 뜻. 깨달음을 구하고 중생을 교화하려는 뜻을 세운 수행자. 위대한 뜻을 가진 사람. '보살'의 존칭으로 쓰임.

16 인도 신화에 등장하며 소천세계의 한가운데 우뚝 솟은 산.

아니라 그 이름이 '커다란 몸'일 뿐이기 때문입니다."

제11분. 없는 복이 더 낫다 _ 무위복승無爲福勝

〖경전〗

「須菩提! 如恆河中所有沙數, 如是沙等恆河, 於意云何? 是諸恆河沙, 寧爲多不?」須菩提言:「甚多! 世尊! 但諸恆河尙多無數, 何況其沙!」「須菩提! 我今實言告汝, 若有善男子, 善女人, 以七寶滿爾所恆河沙數三千大千世界, 以用布施, 得福多不?」須菩提言:「甚多! 世尊!」佛告須菩提:「若善男子, 善女人於此經中, 乃至受持四句偈等, 爲他人說, 而此福德勝前福德.」

〖해설〗

부처님께서 수보리에게 말씀하셨습니다.

"수보리야! '갠지스강 가운데 있는 모든 모래알의 수만큼 갠지스강이 더 있다'라고 한다면 어떻게 생각하느냐? 그 수많은 갠지스강에 있는 모래알이 과연 많겠느냐?"

수보리가 말했습니다.

"대단히 많습니다. 세존이시여! 단지 갠지스강의 수가 너무 많아 이루 헤아릴 수 없는데 하물며 그 모래알의 수는 더 말할 나위 없겠나이다."

"수보리야! 내가 이제 진실로 너에게 알려 주겠노라! 만일 어떤 선남자 선여인이 갠지스강 모래알만큼 많은 삼천대천세계를 가득 채울 만한 금은보화로 보시한다면 그가 얻을 복덕이 많겠느냐?"

수보리가 말했습니다.

"참으로 많습니다. 세존이시여!"

부처님께서 수보리에게 말씀하셨습니다.

"만일 어떤 선남자 선여인이 이 경전 가운데 일부 혹은 사구게 등이라도 받아 지니거나 다른 사람에게 말해 준다면 그의 복덕이 앞사람의 복덕보다 훨씬 더 많으리라."

제12분. 가르침을 존중하라 _ 존중정교 尊重正教

〖경전〗

「復次, 須菩提! 隨說是經, 乃至四句偈等, 當知此處, 一切世間天, 人, 阿修羅皆應供養, 如佛塔廟, 何況有人盡能受持讀誦! 須菩提! 當知是人, 成就最上第一希有之法. 若是經典所在之處, 即為有佛, 若尊重弟子.」

〖해설〗

부처님께서 수보리에게 말씀하셨습니다.

"수보리야! 어디서나 이 경전 전체 혹은 사구게 등이라도 말하도록 하여라. 마땅히 알지니 그러한 곳은 일체 세간의 하늘, 인간, 그리고 아수라까지도 공양하기를 마치 불탑이나 사원이 있는 곳처럼 하리라. 하물며 어떤 사람이 이 경전 전체를 능히 받들어 독송한다면 더 말할 나위가 없겠느니라. 수보리야! 마땅히 알지니 이 사람의 성취는 최상이자 가장 희유希有[17]한 깨달음이리로다. 이 경전이 있는 곳에 바로 부처가 있고 존중받는 제자가 있는 곳처럼 되리라."

제13분. 참되게 받들지어다 _ 여법수지如法受持

〚경전〛

爾時, 須菩提白佛言:「世尊! 當何名此經? 我等云何奉持?」佛告須菩提:「是經名爲『金剛般若波羅蜜』, 以是名字, 汝當奉持. 所以者何? 須菩提! 佛說般若波羅蜜, 卽非般若波羅蜜. 是名般若波羅蜜. 須菩提! 於意云何? 如來有所說法不?」須菩提白佛言:「世尊! 如來無所說.」「須菩提! 於意云何? 三千大千世界, 所有微塵, 是爲多不?」須菩提言:「甚多! 世尊!」「須菩提! 諸微塵, 如來說非微塵, 是名微塵. 如來說世界, 非世界, 是名世界. 須菩提, 於意云何? 可以三十二相見如來不?」「不也! 世尊! 不可以三十二相得見如來. 何以故? 如來說三十二相, 卽是非相, 是名三十二相.」「須菩提! 若有善男子, 善女人, 以恆河沙等身命布施. 若復有人於此經中, 乃至受持四句偈等, 爲他人說, 其福甚多!」

〚해설〛

이때 수보리가 부처님께 말씀드렸습니다.

"세존이시여, 이 경전을 마땅히 무엇이라 이름하오리까? 우리가 어떻게 받들어야 하오리까?"

17 ①희망이 있음, 희망이 보임 ②세상에서 보기 드문.

부처님께서 수보리에게 말씀하셨습니다.

"이 경전의 이름을 『금강반야바라밀경』이라고 하라. 그대들이여, 마땅히 이 이름으로 받들지어다. 왜냐하면 수보리야! 내가 말한 '반야바라밀'은 정녕 반야바라밀이라는 실체가 아니라 그 이름이 '반야바라밀'일 뿐이기 때문이니라. 수보리야! 어떻게 생각하느냐 내가 어떤 실체를 말한 바 있느냐?"

보리가 부처님께 말씀드렸습니다.

"세존이시여! 여래께서 말씀하신 바라 없사옵니다."

"수보리야! 어떻게 생각하느냐? 삼천대천세계에 있는 모든 먼지, 그것이 많다 하겠느냐?"

수보리가 대답하였습니다.

"대단히 많사옵니다. 세존이시여!"

"수보리야! 내가 말하는 모든 먼지는 '먼지'라는 실상이 아니라 그 이름이 '먼지'일 따름이라. 내가 말하는 세계도 세계라는 실상이 아니라 이름이 '세계'일 따름이라. 수보리야! 어떻게 생각하느냐? 서른두 가지 모습으로 여래를 알 수 있겠느냐?"

"없사옵니다. 세존이시여! 서른두 가지 모습으로 여래를 알 수 없습니다. 왜냐하면 여래께서 말씀하신 '서른두 가지 모습'은 곧 실제 '모습'이 아니라 그 이름이 '서른두 가지 모습'일 뿐이기 때문입니다."

"수보리야! 만일 선남자 선여인이 갠지스강에 있는 모래알만큼 목숨을 바쳐서 보시하더라도 만약 다시 어떤 사람이 이 경전 가운데 일부 혹은 사구게 등이라도 받들거나 남에게 말해 준다면 그의 복이 목숨으로 보시하는 사람보다 훨씬 더 많으리라."

제14분. 집착을 떠난 평온 _ 이상적멸離相寂滅

【경전】

　爾時一, 須菩提聞說是經, 深解義趣, 涕淚悲泣, 而白佛言:「希有世尊! 佛說如是甚深經典, 我從昔來所得慧眼, 未曾得聞如是之經. 世尊! 若復有人得聞是經, 信心淸淨, 卽生實相, 當知是人成就第一希有功德. 世尊! 是實相者, 則是非相, 是故如來說名實相.「世尊! 我今得聞如是經典, 信解受持, 不足爲難. 若當來世, 後五百歲. 其有衆生得聞是經, 信解受持, 是人卽爲第一希有! 何以故? 此人無我相, 無人相, 無衆生相, 無壽者相. 所以者何? 我相卽是非相, 人相, 衆生相, 壽者相, 卽是非相. 何以故? 離一切諸相, 卽名諸佛.」

【해설】

　이때 수보리가 이 경전을 듣고 그 아름다운 속뜻을 깊이 깨달아 감격의 눈물을 흘리며 부처님께 아뢰었습니다.

　"희유합니다. 세존이시여! 부처님 말씀은 참으로 깊고도 오묘한 경전입니다. 제가 예전에 터득한 혜안으로 보건대 이처럼 오묘한 경전은 일찍이 들은 적이 없습니다.

　세존이시여! 만약 다시 어떤 사람이 이 경전을 들으면, 믿는 마음이 맑고 깨끗해져서 실상이 생길 것입니다. 마땅히 알겠습니다. 이 사람은 가장 경이로운 공덕을 성취할 것입니다.

　세존이시여! '실상'이라는 것은 바로 어떤 모습이 아니므로 여래께서 실상이라 이름하여 말씀하실 뿐입니다.

　세존이시여! 제가 지금 이 경전을 믿어 풀이하여 받드는 것은 그다지

어렵지 않습니다. 만약 다음 세상 2,500년 뒤에 어떤 중생이 나타나 이 경전을 듣고 믿어 풀이하여 받든다면 이 사람이야말로 가장 희유할 것입니다. 이 사람은 나만을 생각하는 '아상', 나와 남을 차별하는 '인상', 나는 중생이라 여기는 '중생상', 나는 오래 산다는 '수자상', 이런 네 가지 망상이 없게 될 것이기 때문입니다. 그 까닭은 '아상'은 곧 실상이 아니며, '인상'과 '중생상' '수자상'도 곧 실상이 아니기 때문입니다. 일체의 모든 망상을 버려야만 정녕 부처라 이름할 수 있기 때문입니다."

〖경전〗

佛告須菩提:「如是如是! 若復有人得聞是經, 不驚, 不怖, 不畏, 當知是人, 甚爲希有! 何以故? 須菩提! 如來說第一波羅蜜, 卽非第一波羅蜜, 是名第一波羅蜜. 須菩提! 忍辱波羅蜜, 如來說非忍辱波羅蜜, 是名忍辱波羅蜜. 何以故? 須菩提! 如我昔爲歌利王割截身體, 我於爾時無我相, 無人相, 無衆生相, 無壽者相. 何以故? 我於往昔節節支解時, 若有我相, 人相, 衆生相, 壽者相, 應生瞋恨.」

〖해설〗

부처님께서 수보리에게 말씀하셨습니다.

"그렇도다. 그러하도다! 만약 어떤 사람이 이 경전을 듣고 놀라지 아니하고 떨지도 아니하며 두려워하지도 아니한다면 마땅히 알지니라! 이 사람이 참으로 희유할 것이니라.

왜냐하면 수보리야! 내가 말하는 '제일바라밀'은 제일바라밀이란 실체가 아니라 그 이름이 '제일바라밀'일 뿐이니라.

수보리야! 내가 말하는 '인욕바라밀'이란 실체가 아니라 그 이름이 '인욕바라밀'일 뿐이니라. 왜냐하면 수보리야! 내가 전생이 가리왕[18]에 의해 몸이 베이고 찢기던 그때 나는 '나'만을 생각하는 망상이 없었고, 나와 '남'을 차별하는 망상이 없었고, 나는 '중생'이라 여기는 망상도 없었고, 나는 '오래 산다'는 망상도 없었기 때문이니라.

왜냐하면 내가 지난 옛적, 사지가 잔혹하게 찢기던 그때 만일 내가 '나'만을 생각하는 망상, 나와 '남'을 차별하는 망상, 나는 '중생'이라 여기는 망상, 나는 '오래 산다'는 망상이 있었다면 화를 내고 원망하였을 것이기 때문이니라."

〖경전〗

「須菩提! 又念過去, 於五百世作忍辱仙人, 於爾所世, 無我相, 無人相, 無衆生相, 無壽者相. 是故須菩提! 菩薩應離一切相, 發阿耨多羅三藐三菩提心. 不應住色生心, 不應住聲, 香, 味, 觸, 法生心, 應生無所住心. 若心有住, 卽爲非住. 是故佛說菩薩心不應住色布施. 須菩提! 菩薩爲利益一切衆生故, 應如是布施. 如來說一切諸相, 卽是非相: 又說一切衆生, 卽非衆生.」

〖해설〗

"수보리야! 내가 또 전생을 돌이켜 500세대 동안 인욕선인忍辱仙人이 된 적이 있었다. 그 세상에 있을 때 '나'만을 생각하는 망상이 없었고, 나와 '남'을 차별하는 망상이 없었고, 나는 '중생'이라 여기는 망상이 없었

---

18 부처님이 과거세에 인욕선인으로 수도할 때 부처님의 팔다리를 자른 포악한 왕.

고, 나는 '오래 산다'는 망상도 없었느니라. 그러므로 수보리야! 보살은 마땅히 일체의 망상에서 벗어나 '무상정등정각'이라는 최상의 깨달음을 내야 하느니라. 어떤 모양에 머물지 않고 마음을 내어야 하며 소리, 냄새, 입맛, 촉감, 관념에 머물지 않는 마음을 내어야 하며, 그 어떤 것에도 머무름이 없는 그런 마음을 내어야 할지니라. 만일 마음에 머무름이 있으면 머물지 않도록 해야 하느니라. 그런 연유로 내가 이렇게 말했느니라. '보살은 마땅히 마음을 어떤 모양에 집착하지 말고 보시해야 하느니라.' 수보리야! 보살이 일체중생을 이롭게 하기 위해서는 반드시 위와 같이 보시해야 하느니라. 내가 말하노니 일체의 모든 모습은 정녕 실상이 아니니라. 또 말하노니 일체의 모든 중생은 정녕 중생이 아니니라."

〖경전〗

「須菩提! 如來是眞語者, 實語者, 如語者, 不誑語者, 不異語者. 須菩提! 如來所得法, 此法無實無虛. 須菩提! 若菩薩心住於法而行布施, 如人入闇, 卽無所見. 若菩薩心不住法而行布施, 如人有目, 日光明照, 見種種色. 須菩提! 當來之世, 若有善男子, 善女人, 能於此經受持讀誦, 卽爲如來以佛智慧, 悉知是人, 悉見是人, 皆得成就無量無邊功德.」

〖해설〗

"수보리야! 내가 하는 말은 모두 진정하며 실제적인 것으로 겉과 속이 같으니라. 속이는 말을 하지 않으며 다른 말은 하지 않느니라. 수보리야! 내가 얻은 깨달음, 그 깨달음은 알찬 것도 없고 헛된 것도 없느니라. 수보리야! 만약 보살이 마음을 어떤 관념에 머물며 보시하는 것은 마치 어떤 사람이 캄캄한 곳에 들어가서 아무것도 볼 수 없는 것과 같으니라. 만약 보살이 마음을 어떤 관념에 머물지 않고 보시하는 것은 마치 사람에게 밝은 눈이 있고 햇살도 밝게 비쳐서 온갖 물체를 잘 볼 수 있는 것과 같으니라. 수보리야! 앞으로 다가올 세상에 만약 선남자 선여인이 능히 이 경을 받들어 독송한다면 여래인 내가 부처의 지혜로 그 사람을 다 알고 다 보나니 그들 모두 헤아릴 수 없는 공덕을 성취하리라."

제15분. 금강경을 받드는 공덕 _ 지경공덕持經功德

〖경전〗

「須菩提! 若有善男子, 善女人, 初日分以恆河沙等身布施, 中日分復以恆河沙等身布施, 後日分亦以恆河沙等身布施, 如是無量百千萬億劫以身布施. 若復有人聞此經典, 信心不逆, 其福勝彼, 何況書寫, 受持, 讀誦, 爲人解說!」

〖해설〗

"수보리야! 만약 선남자 선여인이 하루 동안 아침, 점심, 저녁나절에 갠지스강의 모래알만큼 많은 몸으로 보시하고 헤아릴 수 없는 백천만억겁 동안 몸으로 보시하면 그 공덕이 크도다. 그러나 만약 어떤 선남자 선여인이 이 경전을 듣고 믿는 마음에 어김이 없으면 그의 복덕이 앞 사람을 훨씬 능가하거늘, 하물며 이것을 필사하고 받들며 독송하고 남에게 해설해 주는 사람이야 더 말할 나위가 있겠느냐. 그의 복덕은 헤아릴 수 없을 만큼 많으리라."

【경전】

「須菩提! 以要言之, 是經有不可思議, 不可稱量無邊功德. 如來爲發大乘者說, 爲發最上乘者說. 若有人能受持讀誦, 廣爲人說, 如來悉知是人, 悉見是人, 皆得成就不可量, 不可稱, 無有邊不可思議功德. 如是人等, 卽爲荷擔如來阿耨多羅三藐三菩提. 何以故? 須菩提! 若樂小法者, 著我見, 人見, 衆生見, 壽者見, 卽於此經不能聽受讀誦, 爲人解說. 須菩提! 在在處處, 若有此經, 一切世間天, 人, 阿修羅所應供養. 當知此處卽爲是塔, 皆應恭敬作禮圍繞, 以諸華香而散其處.」

【해설】

"수보리야! 요약해서 말하자면, 이 경은 상상할 수도 없고, 무게를 달거나 양을 헤아릴 수도 없고, 공덕이 끝도 없느니라. 여래는 대승의 마음을 낸 사람들을 위하여 이 경을 설파하고 최상승의 마음을 낸 사람들을 위해 이 경을 말하노라. 만일 어떤 사람이 능히 이 경을 받들어 독송하여 널리 많은 사람에게 해설해 준다면 여래는 그 사람을 다 알며 다 보나니 그들 모두는 양을 헤아릴 수 없고, 무게를 달 수도 없고, 끝도 없고, 상상조차 할 수 없는 공덕을 성취하리라. 그러한 사람들은 바로 여래의 '무상정등정각'의 대업을 짊어지게 되리라.

왜냐하면, 수보리야! 만약 작은 깨달음에 도취되면 '나'만을 생각하는 고집, 나와 '남'을 차별하는 고집, 나는 '중생'이라 여기는 고집, 나는 '오래 산다'는 고집에 사로잡히고 이 경을 듣고 받고 읽고 외워도 남에게 해설해 줄 수 없느니라.

수보리야! 어느 곳에나 만약 이 경이 있으면 일체 세간의 하늘, 인간, 그리고 아수라까지도 반드시 공양하게 될지니라. 마땅히 알지어다. 그곳이 바로 탑이 되고 모두가 반드시 공경하고 예를 갖추어 주위를 돌고 가지가지 꽃과 향을 그곳에 뿌릴 것이니라."

제16분. 업장을 맑게 하다 _ 능정업장能淨業障

〖경전〗

「復次, 須菩提! 善男子, 善女人受持讀誦此經, 若為人輕賤, 是人先世罪業應墮惡道, 以今世人輕賤故, 先世罪業即為消滅, 當得阿耨多羅三藐三菩提. 須菩提! 我念過去無量阿僧祇劫, 於然燈佛前, 得值八百四千萬億那由他諸佛, 悉皆供養承事, 無空過者. 若復有人於後末世, 能受持讀誦此經, 所得功德, 於我所供養諸佛功德, 百分不及一, 千萬億分, 乃至算數譬喻所不能及.「須菩提! 若善男子, 善女人於後末世, 有受持讀誦此經, 所得功德, 我若具說者, 或有人聞, 心即狂亂, 狐疑不信. 須菩提! 當知是經義不可思議, 果報亦不可思議.」

〖해설〗

부처님께서 수보리에게 말씀하셨습니다.

"또한 수보리야! 선남자 선여인이 이 경을 받들어 독송함으로 인하여 만약 다른 사람에게 업신여김을 당한다면 이 사람이 전생의 조업으로는 응당 삼악도三惡道에 떨어져야 하지만, 금생에 남에게 업신여김을 당한 까닭에 전생의 죄업이 바로 소멸되고 반드시 '무상정등정각'의 최상의 깨달음을 얻게 되리라.

수보리야! 내가 생각해 보니 과거의 한량없는 시간 동안 연등부처님을 뵙기 이전에 이미 팔백사천만 억 배만큼 수많은 부처님을 만나 뵙고 모두 공양하고 받들어 모시기를, 한 분도 빠트리거나 그냥 지나치지 아니하였느니라. 만약 어떤 사람이 이다음 세상에 능히 이 경을 받들어 독송하여 얻는 공덕에 비하면, 내가 모든 부처를 공양해서 얻은 공덕은 그것의 백분의 일도 미치지 못하며 천만 억 혹은 그 어떤 숫자나 비유로도 그에게 미칠 수 없느니라.

수보리야! 만약 이다음 세상의 선남자 선여인 가운데 누가 이 경을 받들어 독송함으로써 얻을 공덕을 내가 일일이 다 말한다면, 혹 어떤 사람은 듣고 마음이 산란하여 의심하며 믿지 아니할 것이다.

수보리야! 마땅히 알지어다. 이 경의 속뜻은 불가사의하고 그 과보 또한 불가사의할 것이니라."

제17분. 무아를 통달하라 _ 구경무아究竟無我

〖경전〗

爾時, 須菩提白佛言:「世尊! 善男子, 善女人發阿耨多羅三藐三菩提心, 云何應住? 云何降伏其心?」佛告須菩提:「善男子, 善女人發阿耨多羅三藐三菩提心者, 當生如是心: 我應滅度一切眾生. 滅度一切眾生已, 而無有一眾生實滅度者. 何以故? 須菩提! 若菩薩有我相, 人相, 眾生相, 壽者相, 即非菩薩. 所以者何? 須菩提! 實無有法, 發阿耨多羅三藐三菩提心者. 須菩提! 於意云何? 如來於然燈佛所, 有法得阿耨多羅三藐三菩提不?」「不也! 世尊! 如我解佛所說義, 佛於然燈佛所, 無有法得阿耨多羅三藐三菩提.」佛言:「如是如是! 須菩提! 實無有法, 如來得阿耨多羅三藐三菩提.」

[해설]

이때 수보리가 부처님께 말씀드렸습니다.

"세존이시여! 선남자 선여인이 '무상정등정각'의 최상의 깨달음을 얻으면 바른 마음을 어디에 머물러야 하며 삿된 마음을 어떻게 항복받아야 하오리까?"

부처님께서 수보리에게 말씀하셨습니다.

"만일 선남자 선여인이 '무상정등정각'이라는 최고의 깨달음을 얻었다면 마땅히 다음과 같은 마음을 내어야 할지니라. 내가 응당 일체중생의 도를 멸도하겠노라! 일체중생의 멸도를 마쳤으나, 실로 멸도를 받은 중생은 한 명도 없나니.

왜냐하면 수보리야! '나'만을 생각하는 망상, 나와 '남'을 차별하는 망상, 나는 '오래 산다'는 망상이 있으면 정년 보살이 아니기 때문이니라.

왜냐하면 수보리야! 실로 어떤 실체가 있어서 '무상정등정각'이라는 최상의 깨달음을 얻은 사람이 없기 때문이니라.

수보리야, 어떻게 생각하느냐? 내가 전생에 여등부처님의 처소에 있을 때 어떤 실체가 있어서 '무상정등정각'이라는 최상의 깨달음을 얻었느냐?"

"아닙니다. 세존이시여! 세존께서 말씀하신 속뜻을 제가 풀이하자면, 세존께서 연등부처님 처소에 계실 때 어떤 실체가 있어서 '무상정등정각'이라는 최상의 깨달음을 얻은 것이 아닙니다."

부처님이 말씀하셨습니다.

"그렇다. 그러하도다! 수보리야! 실로 어떤 실체가 있어서 '무상정등정각'이라는 최상의 깨달음을 얻은 것은 아니니라."

〖경전〗

「須菩提! 若有法如來得阿耨多羅三藐三菩提者, 然燈佛即不與我授記:『汝於來世, 當得作佛, 號釋迦牟尼.』以實無有法得阿耨多羅三藐三菩提, 是故然燈佛與我授記, 作是言:『汝於來世, 當得作佛, 號釋迦牟尼.』何以故? 如來者, 即諸法如義. 若有人言: 如來得阿耨多羅三藐三菩提. 須菩提! 實無有法, 佛得阿耨多羅三藐三菩提. 須菩提! 如來所得阿耨多羅三藐三菩提, 於是中無實無虛, 是故如來說一切法皆是佛法. 須菩提! 所言一切法者, 即非一切法, 是故名一切法. 須菩提! 譬如人身長大.」須菩提言:「世尊! 如來說人身長大, 即為非大身, 是名大身.」「須菩提! 菩薩亦如是, 若作是言:『我當滅度無量眾生, 即不名菩薩.』何以故? 須菩提! 實無有法名為菩薩, 是故佛說一切法, 無我, 無人, 無眾生, 無壽者. 須菩提! 若菩薩作是言:『我當莊嚴佛土, 是不名菩薩.』何以故? 如來說莊嚴佛土者, 即非莊嚴, 是名莊嚴. 須菩提! 若菩薩通達無我法者, 如來說名真是菩薩.」

〖해설〗

"수보리야! 만약 어떤 실체가 있어서 내가 '무상정등정각'이라는 최상의 깨달음을 얻었다면 연등부처님께서 이런 가르침을 나에게 주지 않았을 것이다. '그대는 다음 세상에 반드시 부처가 될 것이며 석가모니라고 불릴 것이다.' 실로 어떤 실체가 있어서 '무등정등정각'이라는 최상의 깨달음을 얻은 것은 아니니라. 그러므로 연등부처님께서 나에게 가르침을 주시면서 이렇게 말씀하셨노라. '그대는 다음 세상에 반드시 부처가 될 것이며 석가모니라고 불릴 것이다.' 왜냐하면 나를 여래라고 부르는 것은 모든 실체가 다 '같다'는 뜻이기 때문이리라. 만약 어떤 사람이 '여래가 무상정등정각을 깨달았다.'고 말하더라도 수보리야! 실로 어떤 실체가 있어서 내가 '무상정등정각'이라는 최상의 깨달음을 얻은 것은 아니란다. 수보리야! 내가 얻은 바 '무상정등정각'이라는 최상의 깨달음은 그 속에 알찬 것도 없고 헛된 것도 없느니라. 그러므로 나는 이렇게 말하노라. '모든 깨달음은 부처의 깨달음이다!' 수보리야! 비유하자면 '어떤 사람이 몸집이 크다'라고 하는 것과 같으니라."

수보리가 대답하였습니다.

"세존이시여! 여래께서 '어떤 사람의 몸집이 크다'라고 말씀하신 것은 바로 '큰 몸'이라는 실체가 아니라 그것을 '큰 몸'이라 이름하였을 따름입니다."

"수보리야! 보살 또한 이와 같으리라. 만약 '내가 반드시 한없이 많은 중생을 멸도하리라!'라고 말한다면 '보살'이라 이름할 수 없느니라. 수보리야! 어떤 실체가 있어서 '보살'이라 이름한 것은 아니기 때문이니라. 그러므로 나는 이렇게 말하노라. '모든 실체에는 나도 없으며 남도 없으며 중생도 없으며 목숨도 없다.' 수보리야! 만약 어떤 보살이 말하길 '내가 반드시 불국토를 장엄하리라'라고 한다면 그를 '보살'이라 이름할 수 없느니라. 왜냐하면 내가 말하기를 '불국토를 장엄한다'라고 하는 것은 진정 '장엄'이라는 실체가 아니라 그것을 '장엄'이라 이름하였을 따름이

부록

『금강경』쉬운 말 풀이

기 때문이라. 수보리야! 만약 어떤 보살이 '나는 없다'라는 무아의 실체를 통달한다면 내가 진정한 보살이라 이름하겠노라."

제18분. 하나로 같이 보아라 _ 일체동관 一體同觀

〖경전〗

「須菩提! 於意云何? 如來有肉眼不?」「如是! 世尊! 如來有肉眼.」「須菩提! 於意云何? 如來有天眼不?」「如是! 世尊! 如來有天眼.」「須菩提! 於意云何? 如來有慧眼不?」「如是! 世尊! 如來有慧眼.」「須菩提! 於意云何? 如來有法眼不?」「如是! 世尊! 如來有法眼.」「須菩提! 於意云何? 如來有佛眼不?」「如是! 世尊! 如來有佛眼.」「須菩提! 於意云何? 如恆河中所有沙, 佛說是沙不?」「如是! 世尊! 如來說是沙.」「須菩提! 於意云何? 如一恆河中所有沙, 有如是沙等恆河, 是諸恆河所有沙數佛世界, 如是寧爲多不?」「甚多! 世尊!」佛告須菩提: 「爾所國土中, 所有衆生若干種心, 如來悉知. 何以故? 如來說諸心, 皆爲非心, 是名爲心. 所以者何? 須菩提! 過去心不可得, 現在心不可得, 未來心不可得.」

〖해설〗

부처님께서 수보리에게 말씀하셨습니다.

"수보리야! 어떻게 생각하느냐? 여래가 육안^{肉眼}[19]이 있느냐?"

"그러하옵니다. 세존이시여! 여래께서는 육안이 있습니다."

---

19 육신(肉身)의 눈, 번뇌로 가득 찬 범부의 눈.

"수보리야! 어떻게 생각하느냐? 여래가 천안天眼20이 있느냐?"

"그러하옵니다. 세존이시여! 여래께서는 천안이 있습니다."

"수보리야! 어떻게 생각하느냐? 여래가 혜안慧眼21이 있느냐?"

"그러하옵니다. 세존이시여! 여래께서는 혜안이 있습니다."

"수보리야! 어떻게 생각하느냐? 여래가 법안法眼22이 있느냐?"

"그러하옵니다. 세존이시여! 여래께서는 법안이 있습니다."

"수보리야! 어떻게 생각하느냐? 여래가 불안佛眼23이 있느냐?"

"그러하옵니다. 세존이시여! 여래께서는 불안이 있습니다."

"수보리야! 어떻게 생각하느냐? 갠지스강에 있는 모래알을 예로 들어서 내가 말한 적이 있느냐?"

"그러하옵니다. 세존이시여! 여래께서 그 모래에 관해 말씀하셨습니다."

"수보리야! 어떻게 생각하느냐? 갠지스강에 있는 모래알의 수, 그 모래알의 수만큼 갠지스강이 있다면, 그 모든 갠지스강에 있는 모든 모래알의 수만큼 불세계가 있다면 과연 많다고 할 수 있겠느냐?"

"대단히 많사옵니다. 세존이시여!"

부처님께서 수보리에게 말씀하셨습니다.

"이 세상에 살고 있는 모든 중생이 지닌 갖가지 마음을 내가 다 알고 있느니라. 내가 말하는 '온갖 마음'은 마음이라는 실체가 아니라 그 이름

---

20 초인적인 눈, 신통을 얻은 눈, 모든 것을 꿰뚫어 보는 능력.
21 진리를 밝게 꿰뚫어 보는 지혜의 눈.
22 깨달음의 눈. 보살은 법안으로 중생을 제도한다.
23 모든 법의 참모습을 보는 부처의 눈.

부록

『금강경』쉬운 말 풀이

이 '마음'일 뿐이기 때문이니라. 수보리야! 과거의 마음도 얻을 수 없고, 현재의 마음도 얻을 수 없고, 미래의 마음도 얻을 수 없기 때문이니라."

제19분. 세상을 두루 밝힘 _ 법계통화法界通化

〖경전〗

「須菩提! 於意云何? 若有人滿三千大千世界七寶以用布施, 是人以是因緣, 得福多不?」「如是! 世尊! 此人以是因緣,得福甚多.」「須菩提! 若福德有實, 如來不說得福德多, 以福德無故, 如來說得福德多.」

〖해설〗

부처님께서 수보리에게 말씀하셨습니다.

"수보리야! 어떻게 생각하느냐? 만약 어떤 사람이 삼천대천세계를 가득 채울 만큼 많은 금은보화를 보시에 쓴다면 이 사람이 그런 인연으로 얻는 복덕이 많겠느냐?"

"그러하옵니다. 세존이시여! 이 사람이 그런 인연으로 얻는 복덕이 대단히 많습니다."

"수보리야! 만약 복덕이 어떤 실상을 갖추고 있다면 내가 말하기를 '얻는 복덕이 많다'라고 하지 않으련만, 복덕의 실상이 없기 때문에 '얻는 복덕이 많다'고 말하였느니라."

제20분. 모양과 모습을 버림 _ 이색이상 離色離相

〖경전〗

「須菩提! 於意云何? 佛可以具足色身見不?」「不也! 世尊! 如來不應以具足色身見. 何以故? 如來說具足色身, 卽非具足色身, 是名具足色身.」「須菩提! 於意云何? 如來可以具足諸相見不?」「不也! 世尊! 如來不應以具足諸相見. 何以故? 如來說諸相具足, 卽非具足, 是名諸相具足.」

〖해설〗

부처님께서 수보리에게 말씀하셨습니다.

"수보리야! 어떻게 생각하느냐? 부처를 잘생긴 몸으로 알 수 있겠느냐?"

"없사옵니다. 세존이시여! 여래를 잘생긴 몸으로는 알 수 없습니다. 왜냐하면 여래께서 말씀하시기를 '잘생긴 몸'이라고 하신 것은 정녕 잘생긴 몸이 아니라 이름이 '잘생긴 몸'일 뿐이기 때문입니다."

"수보리야! 어떻게 생각하느냐? 모습을 고루 잘 갖춘 것으로 여래를 알 수 있겠느냐?"

"아니옵니다. 세존이시여! 고루 잘 갖춘 모습으로는 여래를 알 수 없습니다. 왜냐하면 여래께서 말씀하시길 '모든 모습을 잘 갖추었다'라고 하신 것은 진실로 '잘 갖춘' 것이 아니라 '모든 모습을 잘 갖추었다'라고 이름하였을 뿐이기 때문입니다."

부록

『금강경』쉬운 말 풀이

제21분. 말이 다가 아니거늘 _ 비설소설非說所說

〚경전〛

「須菩提! 汝勿謂如來作是念:『我當有所說法.』莫作是念. 何以故? 若人言: 如來有所說法, 卽爲謗佛, 不能解我所說故. 須菩提! 說法者, 無法可說, 是名說法.」爾時, 慧命須菩提白佛言:「世尊! 頗有眾生於未來世聞說是法, 生信心不?」佛言:「須菩提! 彼非眾生, 非不眾生. 何以故? 須菩提! 眾生眾生者, 如來說非眾生, 是名眾生.」

〚해설〛

부처님께서 수보리에게 말씀하셨습니다.

"수보리야! 그대는 이런 말을 하지 말라. 여래가 '내가 마땅히 깨달음을 말할 것이 있다'라는 생각을 한다고 말하지 말라. 그런 생각을 하지 말지어다. 왜냐하면 만약 어떤 사람이 '여래가 깨달음을 말할 것이 있다'라고 한다면 곧 부처를 비방하는 것이며 내가 말하는 바를 능히 이해하지 못하였기 때문이니라. 수보리야! '깨달음을 말한다'라는 것은 말할 만한 깨달음이 없는데 '깨달음을 말한다'라고 이름하였을 뿐이니라."

그때 지혜가 뛰어난 수보리가 부처님께 아뢰었습니다.

"세존이시여! 미래 세상에 많은 중생이 이 깨달음을 말씀하시는 것을 들으면 믿는 마음이 생기겠나이까?"

부처님께서 수보리에게 말씀하셨습니다.

"그들은 중생이 아니며 중생이 아닌 것도 아니니라. 왜냐하면 수보리야! '중생, 중생' 하는데 내가 말하는 그것은 중생이 아니라 이름이 중생일 뿐이기 때문이니라."

제22분. 얻을 진리가 없다 _ 무법가득 無法可得

【경전】

須菩提白佛言:「世尊! 佛得阿耨多羅三藐三菩提, 為無所得耶?」佛言:「如是如是! 須菩提! 我於阿耨多羅三藐三菩提, 乃至無有少法可得, 是名阿耨多羅三藐三菩提.」

【해설】

수보리가 부처님께 말씀드렸습니다.

"세존이시여! 부처님께서 '무상정등정각'의 최상의 깨달음을 얻었음은 아무것도 얻은 것이 없다는 말입니까?"

부처님께서 말씀하셨습니다.

"그렇도다. 그러하도다! 수보리야! 내가 '무상정등정각'에 대하여 적은 깨달음조차 얻은 것이 없는데 그것을 이름하여 '무상정등정각'이라고 한 것뿐이니라."

제23분. 깨끗한 선행을 하라 _ 정심행선淨心行善

〖경전〗

「復次, 須菩提! 是法平等, 無有高下, 是名阿耨多羅三藐三菩提. 以無我, 無人, 無眾生, 無壽者, 修一切善法, 即得阿耨多羅三藐三菩提. 須菩提! 所言善法者, 如來說即非善法, 是名善法.」

〖해설〗

"또한 수보리야! 이 깨달음은 평등하여 높고 낮음이 있지 아니하며 그 이름이 '무상정등정각'이니라. '나'도 없고, '남'도 없고, '중생'도 없고, '목숨'도 없다는 일념으로 일체의 훌륭한 깨달음을 수행하면 바로 '무상정등정각'을 얻게 되리라. 수보리야! 이른바 '훌륭한 깨달음', 내가 말하는 그것은 진실로 훌륭한 깨달음이라는 실체가 아니라 그 이름이 '훌륭한 깨달음'일 따름이니라."

제24분. 최상의 복과 지혜 _ 복지무비福智無比

〖경전〗

「須菩提! 若三千大千世界中, 所有諸須彌山王如是等七寶聚, 有人持用布施. 若人以此般若波羅蜜經, 乃至四句偈等受持讀誦, 為他人說, 於前福德, 百分不及一. 百千萬億分, 乃至算數譬喻所不能及.」

〖해설〗

"수보리야! 만약 삼천대천세계에 있는 모든 산 가운데 가장 높은 수미산, 그 산만큼 많은 금은보화를 모아서 어떤 사람이 보시에 쓴다 하더라도, 만약 다시 어떤 사람이『금강반야바라밀경』혹은 사구게 등을 받들어 독송하고 다른 사람을 위해 말해 준다면 앞사람의 복덕은 이 사람의 백분의 일이라 백천만 억분의 일도 되지 아니하며 혹은 그 어떤 숫자에 비유하더라도 미칠 수 없느니라."

제25분. 교화는 끝이 없다 _ 화무소화化無所化

〖경전〗

「須菩提! 於意云何? 汝等勿謂如來作是念:『我當度眾生.』須菩提! 莫作是念. 何以故? 實無有眾生如來度者. 若有眾生如來度者, 如來即有我, 人, 眾生, 壽者. 須菩提! 如來說有我者, 即非有我, 而凡夫之人以為有我. 須菩提! 凡夫者, 如來說即非凡夫是名凡夫.」

〖해설〗

"수보리야! 어떻게 생각하느냐? 그대들은 이런 말을 하지 말라. 여래가 '내가 마땅히 중생을 제도하리라'라는 생각을 한다고 말하지 말라. 수보리야, 그런 생각은 하지 말라. 왜냐하면, 실로 중생이 있어 내가 제도하는 것이 아니기 때문이니라. 만약 중생이 있어서 내가 제도한다면 여래인 내가 '나'와 '남'과 '중생'과 '목숨'에 집착한 것이 되느니라. 수보리야! 여래가 '내가 있다'라고 말하는 것은 진정 '내가 있다'는 뜻이 아님에도 범부들이 '내가 있다'라고 여길 따름이니라. 수보리야! 범부라는 것, 내가 말하는 그것은 실로 범부가 아니고, 그 이름이 범부일 따름이니라."

제26분. 법신은 형상이 아니다 _ 법신비상法身非相

【경전】

「須菩提! 於意云何? 可以三十二相觀如來不?」須菩提言:「如是如是! 以三十二相觀如來.」佛言:「須菩提! 若以三十二相觀如來者, 轉輪聖王卽是如來.」須菩提白佛言:「世尊! 如我解佛所說義, 不應以三十二相觀如來.」爾時, 世尊而說偈言:「若以色見我, 以音聲求我, 是人行邪道, 不能見如來.」

【해설】

부처님께서 수보리에게 말씀하셨습니다.

"수보리야! 어떻게 생각하느냐? 서른두 가지 모습으로 여래를 볼 수 있느냐?"

수보리가 말하였습니다.

"그렇습니다. 그러하옵니다. 서른두 가지 모습으로 여래를 볼 수 있습니다."

부처님께서 수보리의 대답을 들으며 그가 아직 그 심오한 뜻을 완전하게 이해하지 못한 것을 알고 그에게 말씀하셨습니다.

"수보리야! 만약 서른두 가지 모습으로 여래를 볼 수 있다면, 전륜성

왕[24]은 복덕을 심히 많이 쌓은 이로 서른두 가지 모습을 하고 있으니 그 역시 여래라고 할 수 있겠느냐?"

수보리가 부처님께 말씀드렸습니다.

"세존이시여! 제가 부처님 말씀의 속뜻을 알고 나니 서른두 가지 모습으로 부처님을 보아서는 아니되겠습니다."

이때, 세존께서 게송으로 말씀하셨습니다.

"만약 모양으로 나를 보려고 하거나 음성으로 나를 찾으려 한다면 이러한 사람은 삿된[25] 길을 가나니 여래를 볼 수 없으리라!"

제27분. 끊어도 끊임이 없다 _ 무단무멸 無斷無滅

〖경전〗

「須菩提! 汝若作是念: 〖如來不以具足相故, 得阿耨多羅三藐三菩提.〗 須菩提! 莫作是念: 〖如來不以具足相故, 得阿耨多羅三藐三菩提.〗 須菩提! 汝若作是念: 〖發阿耨多羅三藐三菩提心者, 說諸法斷滅.〗 莫作是念, 何以故? 發阿耨多羅三藐三菩提心者, 於法不說斷滅相.」

〖해설〗

부처님께서 수보리에게 말씀하셨습니다.

---

24 고대 인도의 사상에서 말하는 이상적인 군주상으로, 무력이 아닌 정법(正法)으로 전 세계를 통치하며 황제에게 요구되는 모든 조건을 갖춘 황제를 말한다.
25 보기에 하는 행동이 바르지 못하고 나쁘다.

"수보리야! 그대는 혹시 '여래께서 서른두 가지 모습을 고루 갖추었기 때문에 '무상정등정각'이라는 최상의 깨달음을 얻은 것이 아닐까'라는 생각을 하는가? 수보리야! '여래께서 서른두 가지 모습을 고루 갖추었기 때문에 '무상정등정각'이라는 최상의 깨달음을 얻은 것은 아닐까' 하는 생각은 하지 말라.

수보리야! 그대가 혹시 '무상정등정각의 마음을 낸 사람은 온갖 실체가 다 끊어져 없어졌다'라고 여긴다면 그런 생각을 아예 하지 말라! 왜냐하면 '무상정등정각'이라는 최상의 깨달음을 얻은 사람은 어떤 실체에 대하여 '끊어져 없어졌다'라는 망상을 말하지 않기 때문이니라."

제28분. 받지도 않고 탐하지도 않다 _ 불수불탐不受不貪

[경전]

「須菩提! 若菩薩以滿恆河沙等世界七寶持用布施, 若復有人知一切法無我, 得成於忍, 此菩薩勝前菩薩所得功德. 何以故? 須菩提! 以諸菩薩不受福德故.」須菩提白佛言:「世尊! 云何菩薩不受福德?」「須菩提! 菩薩所作福德, 不應貪著, 是故說不受福德.」

[해설]

부처님께서 수보리에게 말씀하셨습니다.

"수보리야! 만약 어떤 보살이 갠지스강의 모래알만큼 많은 세계를 가득 채울 만한 금은보화를 보시에 쓰더라도 만약 다시 어떤 사람이 모든 실체에 자기가 없는 '무아'를 알고 인욕을 체득하여 이루면 이 보살이 얻는 공덕이 앞의 보살보다 뛰어나리라! 왜냐하면, 수보리야! 모든 보살은 복덕을 받지 않기 때문이니라."

수보리가 부처님께 아뢰었습니다.

"세존이시여! 어찌하여 보살은 복덕을 받지 않는다고 하시나이까?"

"수보리야! 보살이 중생을 제도하고 보시하는 것은 응당 해야 할 일을 하는 것이므로 복덕을 탐내거나 집착하지 않아야 한다. 그런 이유로 복덕을 받지 아니한다고 말하는 것이니라."

제29분. 위엄이 그윽하다 _ 위의적정 威儀寂靜

【경전】

「須菩提! 若有人言:〖如來若來若去, 若坐若臥, 是人不解我所說義.〗何以故? 如來者, 無所從來, 亦無所去, 故名如來.」

【해설】

부처님께서 수보리에게 말씀하셨습니다.

"수보리야! 만약 어떤 사람이 '여래가 오기도 하고 가기도 하며 앉기도 하고 눕기도 한다'라는 말을 한다면 이 사람은 내가 말한 속뜻을 이해하지 못한 것이다. 왜냐하면, 소위 '여래'라는 것은 그 본성이 어디에서부터 오는 곳도 없고 또 어디로 가는 곳도 없기 때문에 '오는 것 같다'라는 뜻으로 '여래'라 이름하였을 따름이니라."

부록

『금강경』 쉬운 말 풀이

제30분. 하나로 합친 모습 _ 일합리상 一合理相

[[경전]]

「須菩提! 若善男子, 善女人以三千大千世界碎爲微塵, 於意云何? 是微塵衆寧爲多不?」須菩提言:「甚多! 世尊! 何以故? 若是微塵衆實有者, 佛卽不說是微塵衆. 所以者何? 佛說微塵衆, 卽非微塵衆, 是名微塵衆. 世尊! 如來所說三千大千世界, 卽非世界, 是名世界. 何以故? 若世界實有者, 卽是一合相. 如來說一合相, 卽非一合相, 是名一合相.」「須菩提! 一合相者, 卽是不可說, 但凡夫之人, 貪著其事.」

[[해설]]

부처님께서 수보리에게 말씀하셨습니다.

"수보리야! 만약 선남자 선여인이 삼천대천세계를 빻아서 먼지로 만든다면 어떠하겠느냐? 그 먼지가 과연 많다고 할 수 있겠느냐?"

수보리가 대답했습니다.

"많사옵니다. 세존이시여! 왜냐하면, 부처님께서 말씀하신 먼지는 실로 먼지가 아니라 그 이름이 '먼지'일 뿐이기 때문입니다. 만약 그 먼지가 실로 있는 것이라면 부처님께서 먼지라고 말씀하시지 않았을 겁니다. 세존이시여! 여래께서 말씀하신 '삼천대천세계'도 진정 세계가 아니고 그 이름이 '세계'일 뿐입니다. 왜냐하면, 만약 세계가 실로 있는 것이라면 그것은 하나로 합쳐진 모습일 것입니다. 여래께서 말씀하신 '하나로 합쳐진 모습'은 진정 '하나로 합쳐진 모습'이 아니고 '하나로 합쳐진 모습'이라고 이름하였을 뿐입니다."

"수보리야! '하나로 합쳐진 모습'이라는 것은 실로 말로 할 수 없는 것이거늘 단지 범부들이 그것에 집착할 뿐이니라."

제31분. 고정된 견해에 얽매이지 말라 _ 지견불생 知見不生

【경전】

「須菩提! 若人言:『佛說我見, 人見, 眾生見, 壽者見.』須菩提! 於意云何? 是人解我所說義不?」「不也, 世尊! 是人不解如來所說義. 何以故? 世尊說我見, 人見, 眾生見, 壽者見, 卽非我見, 人見, 眾生見, 壽者見, 是名我見, 人見, 眾生見, 壽者見.」「須菩提! 發阿耨多羅三藐三菩提心者, 於一切法應如是知, 如是見, 如是信解, 不生法相. 須菩提! 所言法相者, 如來說卽非法相, 是名法相.」

【해설】

"수보리야! 만약 어떤 사람이 말하길 '부처님이 나라는 고집, 남이라는 고집, 중생이라는 고집, 목숨에 대한 고집을 말씀하신다'라고 한다면, 수보리야! 어떻게 생각하느냐? 그 사람이 내가 말한 속뜻을 이해했다고 보느냐?"

"아니옵니다. 세존이시여! 그 사람은 부처님께서 말씀하신 속뜻을 이해하지 못하였습니다. 왜냐하면, 세존께서 말씀하신 나라는 고집, 남이라는 고집, 중생이라는 고집, 목숨이라는 고집은 중생이 이해하기 쉽도록 그 이름을 나라는 고집, 남이라는 고집, 중생이라는 고집, 목숨이라는 고집으로 지은 것이기 때문입니다."

"수보리야! '무상정등정각'의 최상의 법을 깨달은 사람은 응당 이렇게 생각해야 하느니, 이와 같이 알고, 이와 같이 보고, 이와 같이 믿고, 이해하여 실체라 여기는 망상을 내지 말아야 하느니라.

수보리야! 이른바 '실체라 여기는 망상'이라고 내가 말한 것은 진실로 '실체라 여기는 망상'이 아니라 그 이름이 '실체라 여기는 망상'일 뿐이니라."

제32분. 응화는 참이 아니다 _ 응화비진應化非眞

〖경전〗

「須菩提! 若有人以滿無量阿僧祇世界七寶, 持用布施. 若有善男子, 善女人 發菩提心者, 持於此經, 乃至四句偈等, 受持讀誦, 爲人演說, 其福勝彼. 云何爲 人演說? 不取於相, 如如不動. 何以故? 一切有爲法, 如夢幻泡影, 如露亦如電, 應作如是觀.」佛說是經已, 長老須菩提, 及諸比丘, 比丘尼, 優婆塞, 優婆夷, 一 切世間天, 人, 阿修羅, 聞佛所說, 皆大歡喜, 信受奉行.

〖해설〗

"수보리야! 만약 어떤 사람이 무량한 아승지阿僧祇26 세계를 가득 채울 만큼 많은 금은보화를 보시에 쓰더라도 만약 선남자 선여인 가운데 누가 '무상정등정각'의 최상의 깨달음을 일으켜 이 경전 전체를 지니거나

---

26 무수겁(無數劫). 헤아릴 수 없이 많은 시간.

혹은 사구게 등을 받들어 남에게 풀이해 준다면, 그로 인해 얻는 복덕이 앞 사람을 훨씬 뛰어넘으리라. 남에게 쉽게 풀이해 주려면 어떻게 해야 겠느냐? 어떠한 모습에도 사로잡히지 말아야 할 것이며, 언제 어디에서도 흔들림이 없어야 할지니라. 왜냐하면, 이와 같기 때문이니라. 있다고 여기는 모든 실체는 꿈, 허깨비, 물거품, 그림자 같도다. 이슬 같으며, 번개 같나니, 마땅히 이와 같이 볼지니라."

부처님께서 이 경을 마치시자, 장로 수보리 그리고 모든 비구, 비구니와 우바새優婆塞27·우바이優婆夷28와 일체 세간의 하늘과 사람 그리고 아수라까지도 이 말씀을 듣고 모두 크게 기뻐하며 믿고 받들어 행하였습니다.

---

27 불교의 출가하지 않은 남자 신자.
28 불교의 출가하지 않은 여자 신자.

부록

『금강경』쉬운 말 풀이

〈부록〉 『금강경』을 통달할 7개의 질문

1. 현재 전해져 내려오는 『금강경』의 유래는 어떻게 되나요?

현재까지 전해져 내려와 가장 많이 읽히는 『금강경』 원본의 정식 명칭은 『금강반야바라밀경』으로 인도 승려 구마라습이 번역(약 서기 402년)하였으며 이 책에도 해당 버전을 수록하였습니다.

『금강경』은 『대반야경大般若經』의 600권 가운데 577권에 해당하는 것으로 대승불교[1]의 핵심 경전 중 하나입니다. 『금강』이라 함은 무엇과도 비교할 수 없는 강인한 지혜라는 뜻이며 『반야바라밀般若波羅蜜』은 무상정각, 즉 최상의 깨달음에 통달하고, 일체의 번뇌를 해탈하여 열반의 경지에 도달한 것을 말합니다.

---

[1] 불교의 한 종파로 대승(大乘)의 문자 그대로 '큰 탈 것' 또는 '뛰어난 탈 것'이라는 뜻이며, '탈 것'이란 가르침을 비유적으로 나타낸 것으로, 가르침에 의해 사람들을 미혹의 세계로부터 깨달음의 세계로 실어 간다는 것이다.

이 경전의 기원은 '해공제일解空第一'이라는 별명을 가진 장로 수보리가 석가모니에게 가르침을 청하는 것으로 "'무상정등정각'이라는 최상의 깨달음을 얻은 뒤에는 바른 마음을 어디에 두어야 하며 삿된 마음을 어떻게 항복받아야 하겠습니까?"라는 질문에서 시작합니다. 이 질문에 부처께서 상세하게 대답하는 대화의 형식으로 이뤄져 있습니다. "나라는 상도 없고, 남이라는 상도 없고, 중생이라는 상도 없으며, 목숨이라는 상도 없다."라는 개념에서 시작해 마지막에 등장하는 '사구게', 즉 "있다고 여기는 모든 실체는 꿈, 허깨비, 물거품, 그림자 같도다. 이슬 같으며, 번개 같나니, 마땅히 이와 같이 볼지니라."에 이르기까지 모든 현상은 그저 인연에 따라 생겨났다가 사라지는 것으로 영원한 것은 하나도 없다는 것을 강조합니다. 결론적으로 경전을 독송하는 자들에게 세상 모든 것에는 형상이 없고無相, 실상도 없으며實相, 무아야말로 진정한 나眞我라는 것을 알려 주는 것입니다. 이로써 우리는 진정한 해탈에 이를 수 있습니다.

2.『금강경』의 단락은 어떻게 구분하나요?

지금까지 전해 오는『금강경』은 사실 명확하게 단락이 구분되어 있진 않습니다. 또 번역본과 해설법에 따라 조금씩 달라지기도 합니다. 그러나 통상적으로 서른두 개의 이야기로 나누며 이것을 '분分' 혹은 '품品'이라고 합니다. 현재 대중적으로 유통되는『금강경』의 단락은 중국 남조 시대의 황태자 소명태자昭明太子가 구분하고 단락마다 제목을 붙였습니다. 이 제목은 원문 경전에 포함되어 있지 않으므로 경전 독송 시에는 읽지 않아도 무방합니다.

어떤 이들은 단락을 나눌 필요 없이 한 번에 읽으면 된다고 말하고, 또 어떤 이들은 단락을 나눠서 제목을 붙여야만 내용을 이해하고 기억하기에 편하다고 말합니다. 이상의 서로 다른 견해에 관해서는 각자의 필요에 따라 취하면 됩니다.

3. 『금강경』을 어떻게 익히면 될까요?

『금강경』을 독송하고 필사하고 내용을 이해하기 위해 먼저 이 책을 처음부터 한 번쯤 읽어 볼 것을 추천합니다. 본문 속에 등장한 경전의 원문과 해설을 대조해 읽어 보면서 조금씩 '공성空性', 즉 존재나 현상에 고정된 실체가 없음을 더 깊이 이해하게 되길 바랍니다. 이후 이 내용을 조금씩 실생활에 적용하며 경전이 가르치는 내용을 터득하면 됩니다. 먼저 '보시'에서부터 출발해 보길 권면합니다.

4. 왜 현대인에게 『금강경』이 필요한가요?

'나 자신으로 살라' '나를 사랑하라'라고 말하며 '나 자신'을 어느 때보다 강조하는 요즘 시대는 다양한 가치와 의견을 존중해야 한다고 말합니다. 그런데 그러면 그럴수록 우리는 공허하고 허무함을 느낍니다. 내가 어디로 가는지도 잘 모르겠고, 뭘 해야 할지도 모릅니다. 기쁨과 쾌락을 추구하면 추구할수록 삶이 불행해지는 것을 느낍니다. 이럴 때 『금강경』의 가르침이 여러분의 필요에 대한 해답을 제공할 것입니다. 자아와

부록

『금강경』을 통달할 7개의 질문

타인에 대한 집착을 내려놓게 하고, 물질에 대한 갈망을 내려놓게 하며, 내면의 영혼을 다스리고 평안을 얻도록 해 자신감과 지혜를 찾을 수 있게 도와줄 것입니다.

5. 『금강경』을 독송하는 데 얼마나 걸리나요?

사람마다 독송하는 템포와 그것을 입에 익히는 정도가 다르지만, 통상적으로는 약 30분에서 한 시간 정도면 충분합니다.

6. 『금강경』을 독송하는데 시간과 공간의 제약이 있나요?

그 어떠한 제약도 없습니다. 바른 마음과 태도를 유지한다면 시간과 공간은 아무런 상관이 없습니다. 그러나 되도록 깨끗하고 조용한 환경과 공간에서 가르침을 공경하는 마음으로 독송하는 것이 가장 좋습니다.

7. 『금강경』을 독송한 후에는 어떻게 흘려보내야 하나요?

초반에는 마음속 원하는 바, 기도하는 바를 생각하며 읽는 것을 추천합니다. 그다음에는 축복하고 싶은 사람이나 중생을 떠올리며 읽으십시오. 소망하는 바가 크면 클수록 회향廻向[2]의 공덕은 더 커집니다. 그럼에도 어떻게 해야 할지 잘 모르겠다면, 제일 많이 통용되는 방법으로 먼저

---

2 자신이 수행한 선근공덕을 다른 사람이나 자기의 불과(佛果)로 돌려주는 일.

이렇게 기도해 보세요.

"원컨대 내가 이제까지 수행한 기도 공덕과 참선 수행한 공덕이 일체중생에게 두루 미치어, 나와 모든 사람이 다 함께 성불하기를 원합니다."[3]

경전을 읽으며 원하는 바를 아뢸 수도 있지만, 참회할 수도 있습니다.

"비롯함이 없는 아주 오랜 옛날부터 지은 모든 악업은 모두 탐욕과 성냄과 어리석음에서 시작되었고, 그로 인하여 몸과 말과 마음으로 죄업을 짓게 되어서 저는 이제 이렇게 부처님 앞에서 모든 것을 참회합니다."[4]

이로써 참 지혜를 깨달아 부처의 마음을 수련하기를 진심으로 바랍니다.

---

[3] 願以此功德, 普及於一切, 我等與眾生, 皆共成佛道.『法華經·廻向戒』.
[4] 往昔所造諸惡業, 皆由無始貪瞋癡, 從身語意之所生, 一切我今皆懺悔.『懺悔文』.

부록

『금강경』을 통달할 7개의 질문

석가모니가
아들러를 만났을 때

펴낸날 2025년 11월 10일 1판 1쇄

지은이 우뤄취안
옮긴이 하은지
펴낸이 金永先
편집 정아영
디자인 검정글씨 민희라

펴낸곳 이든서재
주소 경기도 고양시 덕양구 청초로 10 GL 메트로시티한강 A1-2002호
전화 (02) 323-7234
팩스 (02) 323-0253
출판등록번호 제 2-2767호

ISBN 979-11-94812-10-4(03100)

이든서재와 함께 새로운 문화를 선도할 참신한 원고를 기다립니다.
이메일 dhhard@naver.com (원고 투고)

- 이 책은 저작권자와의 계약에 따라 발행한 것이므로 본사의 허락 없이는
  어떠한 형태나 수단으로도 이 책의 내용을 사용하지 못합니다.
- 파본은 구입하신 서점에서 교환해 드립니다.